新 コスト テーブル

コストマネジメント・システムの再構築

八木 君敏
Yagi kimitoshi

日本資材管理協会
JMMA

はじめに

・利益を創るリーダーの必携品

　共益協創システムや設計・購買・サプライヤの連携システムを意図していない購買部門にとっては、コストテーブルはあまり必要ではありません。しかし、これからは、コストテーブルを活用してコストマネジメント・システムの制度構築・活用は必須となります。そのシステムには、①いくらで調達したのか？　②いくらにしたいのか？　③いくらであるべきか？　などに対応できる購買知力のデータベースが必要です。
1.　より安く作る工夫を考える、2.　より安くなる図面・仕様を考える、3.　テクノロジー進化の活用を考える、などのためのコストテーブルは必携です。

　コストテーブルは"コストのものさし"として日本では1970年頃から多用されてきました。ものづくり現場カイゼン（IE）に活かされ、かつ購買部門での見積書チェックや価格交渉にも用いられてきました。その後のものづくり加工技術や機械設備はめざましく進化しました。しかし、コストテーブルに組み込まれている工数や設備機械の選定基準などの諸元更新が的確に行われなくなっていました。制度設計が不十分な結果、「あるにはあるが、使わない。古いデータのテーブルでは使えない」という現場の声が少なくありません。やはり陳腐化・形骸化したものは、残念ながら衰退していったのです

　今こそ、購買部門が技術部門と連携してサプライヤの知恵を結集・融合して、利益を創るためのコストマネジメント・システムを再構築し関係者の結束力を最大化する識見が購買責任者に求められています。

・購買だからできる、購買しかできないこと！

　それは"技談交渉で共益協創（価値創造）ができる"ことです。購買関係者は技談を活用することで、4つの利益の同時創造に貢献できる立場にあります。売り手よし・買い手よし・世間よし・購買営業関係者よし　の4つの利益です。これは一般的な価格交渉ではなかなかできないことです。でも、値引きや価格交渉を否定するものではありません。

　"技談"とは、技術をベースにしてIE、VEやサプライヤの知恵などを融合してコストダウンや魅力ある製品を生み出す"情報を利益に変える"取り組みです。サプライヤとの共益協創によるお互いの企業競争力強化に欠かせない重要な取り組みです。コストテーブルは、この技談交渉の必須の要素技術・知の道具なのです。

　近年、欧米主要企業の多くはコストテーブルやコスト回帰分析データをコストマネジメント・システムに組み込んで活用しているといわれております。おそらくその狙いは、インダストリー4.0コンセプトのDX活用でAIによるデザイン・コストマネジメント（design to cost）を見据え展開しているものと思われます。コストテーブルは、単に「コストのものさし」ではなく共益協創のツールだとしたら、知のインフラ整備に組み入れておかなくてはなりません。残念ながら日本企業の多くは、コストテーブルの価値を過小評価してきたと考えられます。

```
┌─ コストテーブルの進化 ──────────────┐
│                                                          │
│  コストテーブル3.0  共益協創　　AIシステム      │
│                                                          │
│  コストテーブル2.0  設計・図面改良　VE          │
│                                                          │
│  コストテーブル1.0  見積書チェック IEカイゼン   │
│                                                          │
└──────────────────────────────┘
```

・それはいくらか、VE とコストテーブル

かかってしまった材料費や管理費用、あるいはこれから、かけようとしている材料費や管理費用が「いくらなのか」常に考えます。売る側は販売価格や製造コストに注意が払われますが、一方で調達する側では「購入価格がいくらになるのか」です。製造コストがいくらではなく、価格やいくらの価値があるかが気にかかります。その価格が原価（コスト）になるからです。調達側はそれにかかった手間や知恵を診て値打ちや魅力の多寡を思案する基準であり、お金（コスト）でそれを評価します。

モノやサービスの価値 (V) は、利便性や魅力価値を含めそのものの果たす機能・役割 (F) と原価（コスト・C）の関係により測定・評価されます。安くて良く機能するものは、多くの人や企業から支持されます。ゆえに、V=F÷C となります。経済活動、ことさらモノやサービスの売買に C（コスト）は必須であり民間企業の購買部門や企画開発設計部門や営業部門などコストに無関係な人は殆どおりません。「それはいくらか」、「それはいくらであるべきか」に応えられる「コストテーブル」存在の必然です。

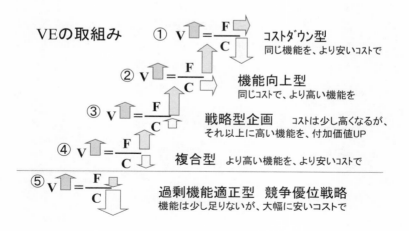

5

・コストテーブルとは何か？

　テーブルとは、そこに関係者が集い色々なものを並べて味わう、評価するだけではなく、各種アイデアを誘発し、購買部門がコストマネジメントでうまく活用できれば共益協創をもたらすものと考えます。

IE アイデアをもたらす / Bring industrial engineering idea to the table
VE アイデアを誘発する / Bring value Engineering idea to the table
技術革新をもたらす　/ Bring technological evolution to the table

知のインフラ、コストダウンの触媒がコストテーブルと考えます。

　コストテーブルは、ものやサービスの価値を測定・評価する "ものさし"（基準）です。しかし、単なるものさしではなく、売る側の提示価格と比較することで交渉ができ、更に知恵を出し合うトリガーとなって協創活動ができるプラットフォームになります。このことに気づき共益協創を取り組めば、それに関わる人の価値も高まります。知の競争と協創を同時に支援できる知のインフラとなるのです。

　購買部門は長らく、「図面・仕様書のお取り次ぎ」係として精一杯努力する人が少なくありませんでした。これからは「図面通りで 1 円でも安く」では生き残れません。購買担当者の技量に頼ることだけではなく、調達責任者の識見とコストマネジメント制度設計・構築の力量こそが問われています。企業の知財整備に投資し関係者のスキルアップで競争力を磨く制度 (management system) の確立が問われています。

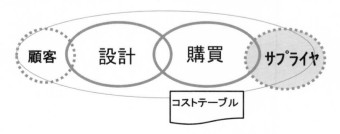

・知の融合ができるコストテーブル

　「この図面で世界一安く」の値下げ要請を否定するものではありません。しかしせっかく外部の人たちと接する恵まれた立場にいながら能力を発揮せずにいる人が少なくありません。自分の脳だけで考えるのではなく、少しの工夫で外部の知恵を収集・融合 (クロスカップリング) して「情報を利益に変える」やり方を身につけるべきです。「一円でも安く」「ガンバレ」 を唱えるだけでは、組織の総合力は発揮されず、その構成員も幸せにはなれません。

　業種や企業規模を問わず、購買部門が技術部門と連携してサプライヤの知恵を取り込んで融合し活用する結束力を最大化するリーダーシップ（知恵リーダー）が求められています。なぜならば、購買部門は単なる価格交渉を超えて、情報や知恵を集めて融合・反応による利益の創造を求められているからです。購買部門はサプライヤとの対立（単に売りと買い、発注者と供給者）ではなく、知の融合による共益協創に戦略の重点をシフトする時代になりました。

　今までの日本企業のメンバーシップ型雇用による購買部門では、コストダウン成果の大きさによって報酬（給与など）に大きく連動することはありませんでした。ある意味で安定と安住かもしれません。今後はジョブ型雇用を拡大させることによって、コストテーブルなどをうまく活用して「知の融合で利益創造できる人」、「技談や開発購買ができる人」の存在価値が増すことは間違いありません。多くの知識やアイデアがあることは必要ですが、ビジネスでは「・・・できる人」が必須重要で、それを高く評価する企業が確実に増加しております。

・知っている人から　できる人への具体策

　多くの知識があることは良いことですが、それを使って実行できることが特に必要です。もちろん「何を知っているか」も大切ですが、「何ができるか」がビジネスでは必須重要です。コストテーブルを使う・作る・更新・進化させる！これらに応えられるよう、具体的に解説します。

　コストテーブルは単なる"ものさし"ではなく共益協創を支援する知のインフラです。コストマネジメントのスキルを高める（skill up）ため、あるいはこれから取り組む人の再教育（reskilling）に役立つように工夫いたしました。共益協創を実行できる購買知力、人材育成の具体策です。

　1 部では　コストテーブルを「どう使う」を考えます。
道具は使う人と使い方によって成果が異なります。目的に応じて充分に性能発揮できるような工夫を考えます。
　2 部では　コストテーブルを「どう作る」を説明します。
どう使うかのコンセプトに基づき、知っているを必ずできるにするために手順の詳細や具体的な実例を示します。
　3 部では　「どう進化させる」かについて考えます。
時代の先を読んでコストテーブルを進化させられるよう、具体的なヒント（hint）やナッジ（nudge）を提案します。

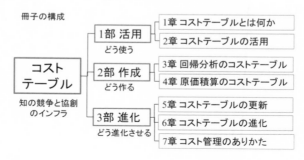

冊子の構成

コスト
テーブル
知の競争と協創
のインフラ

1部 活用
どう使う
　1章 コストテーブルとは何か
　2章 コストテーブルの活用

2部 作成
どう作る
　3章 回帰分析のコストテーブル
　4章 原価積算のコストテーブル

3部 進化
どう進化させる
　5章 コストテーブルの更新
　6章 コストテーブルの進化
　7章 コスト管理のありかた

1 章は、コストテーブルとは何か

コストテーブルとは何かを明確にします。どのような種類があるのか、中身（構成内容）はどのようなものか概要を整理します。

2 章は、コストテーブルのコンセプト・目的を考えます。

どのようなコストテーブルが、より使いやすく生産性が高いのか？コストマネジメントに対する考えの初期化、再設計のヒントを提案します。

3 章は、回帰分析によるコストテーブルの作り方を説明します。

調達実績のデータを分析して活用する取り組みです。価格交渉で努力して得られた値を根拠にしているので説得力があります。

4 章は、原価積算によるコストテーブルの作り方を説明します。

原価要素のデータを根拠として、主なコストドライバを入力して積算します。技術の裏付けを取り込んで、あるべきコストを目指します。

5 章は、コストテーブルの更新を提案します。

データ諸元が古くなっては、使いものになりません。更新・校正のあり方や具体的で便利な手順について説明します。

6 章は、コストテーブルの進化です。

およそ 60 年の歴史を振り返って、進化の方向を予測します。コストテーブルの AI 化は既に始まっています。

7 章は、コスト情報インフラ整備の話しです。

知財管理（Knowledge management）について、何をノウハウとすべきか、値決めの工夫・購買戦略・データベースなど提案いたします。

調達については、購買、仕入れ、購入、買い付け、資材調達などの単語がありますが、「購買」にしました。仕入れ先、サプライヤ、外注、取引先、委託先、下請け先、業者などの単語については、「サプライヤ」に統一しました。しかし、文章の前後関係で必ずしも統一されていない場合もありますので、ご了承願います。

　本書で解説するコストテーブルについては、一般社団法人日本資材管理協会（JMMA）のホームページ（htpps://www.jmma.gr.jp）の項目「ソリューション購入」にて入手できます。約20種類の具体的なコストテーブル例がExcelにて提供されております。特殊なアプリではなく、だれでも・いつでも・どこでも活用できるExcelです。カスタマイズが自由簡便にできますので、多くの業種や部品などに即応用が可能です。

　コストテーブル活用による共益協創は、企業永続の重要な要件であります。そして、日本固有の下請法（下請代金支払遅延等防止法）のくびきから購買部門もサプライヤも脱却でき、グローバルに発展する動力源となり得ます。購買部門とサプライヤの営業部門が共益協創を実践し、読者諸賢の存在価値がますます向上されることを願って止みません。

Feb12,2023　八木　君敏

2部　コストテーブルの作成

3章　回帰分析のコストテーブル

3部　コストテーブルの進化 ················· **143**

5章　コストテーブルの更新 ················· **145**

1部

コストテーブルの活用

☆　人類の進歩は道具の進歩　知のインフラ
☆　何のため、誰のための　コストテーブルか？
☆　購買は知の現場、使いこなしに意義がある

　コストテーブルは、コストについて考える時に使う、知の道具です！
使う人の能力と活かし方によってすばらしい成果を生みます。
　石器時代に始まり、土器・鉄器、そして機械・装置、システムからイ
ンターネット、更に AI へと進化してきました。

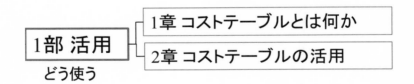

1章
コストテーブルとは何か

☆　コストテーブルは情報を利益に変える、知の道具
☆　サプライヤと連携する架け橋、知の融合触媒
☆　コストドライバでコストを知る、人を動かす

1-1　道具の進化は人類の進化　　equipment

　コストテーブルは道具です、知のインフラです！

　道具は石器時代、土器・鉄器、そして機械・装置、ソフトウエアシステムからインターネット、更にAIへと進化して知のインフラとなりました。知のインフラも広い意味では道具と考えても良いでしょう。つまり道具なしに人類の文明は維持進化できません。

　仕事によっては道具がなくても、それなりの結果がでますが、効率的により良い成果を確実に得ることはできません。しかし、現代ビジネスでは道具無しにはまったく仕事になりません。特に知の道具は、更新・校正にも気を配ることが大切で、道具を常に磨き整備しておくことも必須です。道具の進化は人類の進化なのです。

　道具とは、モノを作ったり判断したり、何かを行うために使う器具や測定具類のことです。ビジネスでは、戦略を立案したり、管理状況を測定・評価したりする資料やソフトウエア類があります。近年では何かを検索するアプリも知の道具です。QC7つ道具という文化もあります。もし、開発購買7つ道具というのがあれば、コストテーブルは必須かもしれません。

　コストテーブルは "ものさし" です。しかし、価格交渉の作戦を考える単なるものさしではなく、より良い設計を考えるための "アイデア誘発の道具" であり、サプライヤとの連携による "共益協創の道具" にもなるのです。コストテーブルを　どう作る・どう使う・進化させるを強く認識することによって企業利益に貢献できます。

1-1-1 コストテーブルの定義　　　　definition

コストテーブルの定義は、「原価に影響を与える要因と原価との関係を整理したもの」「どのようなものがいくらの表」です。整理のしかたによって、表・グラフや計算式などがあります。そのままでも利用されますが、コスト要因（変数・コストドライバ）を入力すると原価が計算されるソフトも便利で多用されています。

コストテーブルのコストとは一般的には、英語で cost 又は purchase cost　を意味します。コストは原価と考えても良いでしょう。またコストは、日本語では費用（cost, expense）を意味する場合もあります。生産や取引などの経済活動に伴って支払う金額で表します。

コストテーブルのテーブルとは、そこに色々なものを並べて味わう、評価することを意味します。Bring・・・to the table　は・・・をもたらす、という意味を持ちます。少し拡大解釈すれば、テーマについての様々な意見交流をもたらすもの、と捉えても良いと考えます。測定・評価するだけではなく、各種アイデアを誘発し、購買部門がうまく活用できればコストダウンを "もたらすもの" と考えても良いでしょう。

たくみに活用できれば、コストダウンのアイデア提案力を切磋琢磨・競争したり、ものづくり現場カイゼンを協創したり、設計図面の仕様改良支援にまでつなげることができるのです。設計やサプライヤとも連携できれば、それぞれの知恵を融合して共益協創が実現できます。コストテーブルを単なる "ものさし" にとどまらせず、知恵の競争を誘引する共益協創の触媒とさせるべきでしょう。

1-1-2　コストテーブルの再定義　　　redefinition

コストテーブルとは何か？　情報化の時代に何ができるか？

コストダウンのエンジンの一つとして利用価値が高まっています。コストの目利き機能です。その中の一つは、IE の活用による"ものづくり改善"の取り組みです。もう一つは、VE の活用による"図面仕様書の改良"です。商品設計の原価企画の取り組みです。

コストダウンの取り組みでは、コストの目利きと購買部門の目標原価への取り組む意志が必要です。必要とする機能実現の設計案に対してコスト評価し、代替えアイデアを評価し原価企画目標原価実現に向けて図面・仕様の改良も目指します。

改良のアイデアを沢山並べても、それらのコスト評価に"丸腰"では具体化が進みません。その場で簡便・迅速にコスト評価できる知の道具が必要です。コスト評価ができる道具を持たないでコスト交渉だなんて、交渉のベテランでも恥ずかしい話しです。ビジネスの知の現場では、何ごとにも"知の道具"が必須です。これが"コストテーブル"です。"データでモノを言う""データがモノを言う"情報の時代です。

「コストテーブルとは、買い手が売り手に対して具体的な意志を示すもの」。また、「購買が設計や仕様書に対して調達品コストの意志を示すもの」。コストテーブルは買い手の意志を明確に示して連携・協創のためのプラットフォームとなります。

1-1-3　杓子条規ではない、ものさし活用　　　core concept

コストテーブルの本質は

①　購入実績価格からの推測見積りの基準です。　　　evidence

　　サイズ違い、相似品、類似品からの回帰分析予測

②　ものづくりの原価積算による見積りの基準です。　reasonable

　　技術的な根拠にもとずく加工工数や市況から推測する材料費、工場
　　運営の諸経費などの積算値予測です。

　コストテーブルは、杓子条規な扱いにこだわる必要はありません。その値は柔軟な活用が求められます。なぜならば、実績データを活用した回帰分析予測や原価積算予測の値だからです。あくまで予測なのです。数値にこだわりすぎず、頼りすぎずにアイデアを膨らませて関係者の知を融合するトリガーとして活用願いたい"ものさし"です。

　売り手と買い手との関係は、基本的には対立関係です。しかし、取引対象の技術的な解決を計るコストダウンにおいては、協調や協創できる関係構築が可能です。ここにコストテーブルの存在価値があります。対立の関係をゼロにはできませんが、コストテーブルの予測値をヒントにお互いが知恵を出し合う関係構築（クロスカップリング）が可能です。これこそが共益協創のための知恵の出し合いと融合反応の触媒となる道具なのです。

　注：クロスカップリングとは、異なる構造体を選択的に結合させる化学反応のこと。ここでは、売り手と買い手の対立しているものどうしが融合・反応して、お互いの利益を協創することです。

1-1-4　知恵の融合触媒　　　reaction catalyst

　「熱意」はビジネスにおいても必須です。粘り強い交渉、諦めないで１円でも安く交渉する！　素晴らしい事です。でもどこか古典的です。しかし熱意だけでは解決しないことが少なくありません。

　「誠意」は何ごとにも大切です。信用があれば話しができます。さらに信頼関係があれば、お互いに手の内を見せ合ってでも対話し議論もできます。誠意でお互いの心の扉が開きます。しかし、目先の交渉の場をなんとか乗り越えるような戦術や小賢しい進め方では、中長期的で大きな成果は得られません。

　熱意や誠意では解決できない事があります。それは「創意」によって解決への扉が開き協調関係が高まります。創意があれば解決の具体策・アイデアが関係者の間で膨らみます。買う側と売る側の知恵の出し合いです。そのアイデアをその場で評価するのがコストテーブルです。コストについて多くの知識があっても、その場で"具体的に評価できる"簡便・迅速さが重要です。

　具体的な数値をコストテーブルが示します。それを触媒として具体的なアイデアが更に誘発されます。創発によって価格交渉が支援できます。このように、具体的に知恵を融合して「知の反応」を促進させる触媒がコストテーブルだととらえると、ビジネスは進展します。ことさら購買部門は、サプライヤと賢く連携して共益協創を実行できる恵まれた立場にあります。購買だからできることです。

1-1-5　いつでも・だれでも・どこでも　accessibility

　今、何時だろうか？　時間管理で気になれば、ふと時計を見る。これはいくら（￥）か？　図面や仕様書を原価管理で気になれば、コストテーブルを見る。この際、カンや記憶に頼っていては通用しません。あとで調べてみよう、サプライヤに見積もってもらいます、これではその場にいる人の存在価値はありません。その場で見積もる "時短" タイム・パフォーマンスが、コストテーブルの価値でもあります。いつでも・だれでも・どこでも迅速に活かせる、知のインフラなのです。

　コストについて議論する際、その場でアイデアをコスト評価できれば行動の具体化が進みますが、"あとまわし" はビジネスに遅れをとってしまいます。アイデアとコストの関係評価がその場で即断して途切れなく行える企業知財インフラが必須です。考えようではビジネスでは全員がコストマネジメント・経営者でもあります。コストテーブルは、関係者がいつでもどこでも使える企業の財産・知のインフラとして保持すべき道具なのです。

　ベテラン購買担当が作成した、精緻で良いコストテーブルもあります。しかし、使いこなせる人が限定されると、企業としては "もったいない" ことになります。できれば、ソフトウエア、デザイン、入出力のやり方などがある程度が企業内で標準化されていると好都合です。コストテーブル活用の生産性が高まります、稼働率も高まります。

　場所を問わずに情報を利用できる環境（ubiquitous）は、すでに実現されています。知のインフラとして捉えれば、今や常態となりました。

1-1-6　使いこなしで大きな成果　　function

　コストテーブルがあれば価格が見積もれる、サプライヤからの見積書査定ができると言われています。しかし、単に"ものさし"としてではなく、活用する人の"使いこなし"によって多くの成果が得られます。主な役割（機能）は、より安く買うための価格交渉を支援できます。次に、より安く作る改善アイデアを誘発できます。そして、VE技能を発揮できる人が使えば図面や仕様までも変えるヒントとなります。

　コストテーブルは"ものさし"ですが、使いこなせば多くの成果を生み出す機能を備えているのです。コストテーブルは、扱う人の能力によって成果の大きさが変わる知の道具、つまり"てこ / leverage"や、"ナッジ /nudge"であり、"触媒 /catalyst"にもなるのです。使う人の思考と行動に依存するので、利用する動機と見識が問われます。コストテーブルの機能系統図を以下に示します。

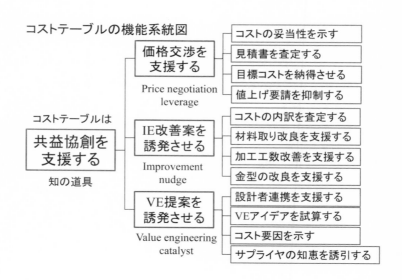

コストテーブルの機能系統図

コストテーブルは
共益協創を支援する
知の道具

価格交渉を支援する
Price negotiation leverage
- コストの妥当性を示す
- 見積書を査定する
- 目標コストを納得させる
- 値上げ要請を抑制する

IE改善案を誘発させる
Improvement nudge
- コストの内訳を査定する
- 材料取り改良を支援する
- 加工工数改善を支援する
- 金型の改良を支援する

VE提案を誘発させる
Value engineering catalyst
- 設計者連携を支援する
- VEアイデアを試算する
- コスト要因を示す
- サプライヤの知恵を誘引する

1-2 どのような種類があるか　　　What kind of・・?

コストテーブルには色々な種類があります。主なものは、単位当り単価表、回帰分析グラフ、原価積算型、比較表や計算式などがあります。対象を賢く絞り込むことは必要ですが、時には対象を絞り込みすぎずに、少し広義に考えてみることもお勧めです。また、回帰分析型と併せて原価積算型を利用することも有効です。

単にデータを整理しただけのコストテーブルから、グラフや数式で見える化したもの、条件を入力して原価を予想するコストテーブルへと変化してきました。これは見積りソフトのアプリ　とでもいうべきソフトです。近年、パソコンやスマートフォンでの利用が常識となりました。

単にコストを知るを超えて、コストシミュレーション、コストナビゲーション、CADリンク計算などがあります。購入実績データを利用したコストテーブルや仮想工場を設定して作成する詳細原価積み上げ式のコストテーブルもあります。これらを網羅する必要は無く、必要に応じて作成・活用することをお勧めします。

どのような媒体があるのか　　　media

　紙　カーボンコピー　Web. PC　スマホ　クラウド　メール
USB などでの活用が考えられます。そりゃあ Web. 利用に決まってい
ますよ、テレワークの時代ですよ。紙は問題が多いですよ。USB はセキュ
リテイに問題が多いですよ。いずれ絶滅危惧メデイアでしょうか？

　購買の実績原価情報は企業の営業機密情報です。知財の管理としては、
充分なセキュリテイを維持することが必要となります。しかし矛盾する
こともあります、いつでも・どこでも・だれでも　活用できなければ "宝
の持ち腐れ " です。このことを両立できるシステム設計を考える必要が
あります。最新の通信暗号化技術の利用が望まれます。

　企業内 Web. のクラウドにコストテーブルを格納しておいて、端末
PC やスマホでの利用が良いでしょう。だれが・いつ・何を・アクセス
したのか？　アクセス管理（権限・ID）も必要でしょう。

　近年では、企業内で多くの利用者がコストテーブルで得られた計算値
をクラウドにアップして、E-BOM や P-BOM にリンクし共有・利用し
ている企業が少なくありません。特に、類似品や相似品の検索・再利用
などにも活用が拡大しており展開が広がります。

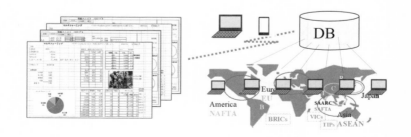

1-2-1　単位当りの単価表　unit price list

　重量、容積や大きさなど、単位あたりの原価（コストや売価）を整理したものです。単純ですが理解しやすく役立つ情報です。例えば、ガソリンが1リッター当たりいくらか？　牛肉が100gr当たりいくらか？　プリント配線基板が1平米あたりいくらか？　住宅の坪あたり単価などがあります。

　非常に単純明快ですが、対象品の仕様、グレードや品質などを層分けして整理することが必要となります。層分けしない場合は、かなりの概算数値となってしまいます。例えば、ガソリンの場合には、¥/Lレギュラーかハイオクかでかなりの差があります。牛肉の場合でも、¥/100gr輸入か国産か、国産でもブランドや部位、肉質グレードによって大きな差があります。

　加工外注品では、1時間当たりの単価、¥/hr、プレス加工外注のワンパンチ当たりの単価、¥/1pressなど値決めの根拠を一覧表に整理したものがあります。購入品では、ねじのサイズ（ヨコ軸）と長さ（タテ軸）の単価をマトリクス表で整理したものがあります。

　売り手側からみれば販売価格表であったり、定価と掛け値率などを表示した見積もり単価表であったりします。交渉によって取り決められた単価表（価格テーブル）です。

品番	特性	@/¥
A	.....	....
B	.....	....
C	.....	....
D	.....	...

1-2-2　コスト見積比較表　　benchmarking sheet

　比較分析に便利な表に整理したテーブルも多用されています。ベンチマークシート（BMS: Benchmarking sheet、競合の見える化）は比較する項目の表現と欄をそろえて、アイデアやサプライヤ見積もりとコストテーブルを並べて比較し項目毎に分析するものです。比較評価することで、ものごとは具体化に向けて大きく進展できます。

　BMS のサプライヤ見積もりや VE 提案の比較表のなかに、コストテーブルでは"いくらなのか"を活用・常用することが望まれます。　それによって、サプライヤの見積もり内容の問題の指摘があります。また、コストテーブルの課題が浮き彫りになる事も少なくありません。

　複数の見積書を並べて比較できると、見積りの各項目毎に高い・安い、多い・少ないが一目瞭然となります。但し、"いいとこ取り"の寄せ集めで価格を交渉しても、うまくゆくとは限りません。サプライヤそれぞれに設備機械の状況や管理のやり方などが異なるからです。
以下に BMS のイメージ例を示します。

戦略部品BMS	小径ベアリング　○○○ZZ						2014/9/27
仕様項目	要求仕様	現状メーカー	代替メーカー1	代替メーカー2	代替メーカー3	代替メーカー5	代替メーカー6
メーカー		AA社	BB社	MO社	MO社	NN社	NH社
1　型式		L-①①①HHRP	×××ZZMC3N	△△△ZZP6SR	△△△ZZP4SQ	×××ZZRKP	×××ZZSSP
2　内径	8	8	8	8	8	8	6
3　外径	16	16	16	16	13	16	13
4　内部隙間	P6級(5~12μ)	P6(5~12μ)	0(5~10μ)	P6(5~12μ)	P6(5~12μ)	0(5~10μ)	0(5~10μ)
5　グリス量	30%	30%	30%	25%	25%	30%	30%
6　スラスト荷重	2kgf 1800rpm						
7　グリーン対応	対応要	○	○	○	?	○	○
8　リテーナ材質	SPCC	SPCC	SPCC	SPCC	樹脂	SPCC	SPCC
9　内外輪材質	SUJ2	SUJ2	SUJ2	SUJ2	SUJ2	SUJ2	SUJ2
10　鋼球材質	SUJ2	SUJ2	SUJ2	SUJ2	SUJ2	SUJ2	SUJ2
11　製造工場	(参考)	シンガポール	インドネシア	中国	中国	インドネシア	
12　価格		46	48	26	20	35	32

網掛け部分が重要な仕様。

現状実績価格　46　　目標価格　23　　数量 Ton　30,000/月

コメント，交渉経過など
　1 業界は裏で連携しており、同一サイズでの国内メーカの競合困難
　2 ○○社変更時　11月リテーナカシメ不良　1月内輪加工不良発生
　3 ○○社と△△社のOEMの話がある
　4 ××製はM社向け3機種限定、M社での社実機耐久実施
　5 スラスト荷重　2kgf 1800rpm　はカタログ値で　実負荷は少ない

年間金額　16,560,000
コストダウン/年間　8,280,000

1-2-3　回帰分析型コストテーブル　regression analysis

　コストに影響を与える要因（変数・コストドライバ）と原価との関係を回帰分析グラフで表します。購入実績データを元に整理することが一般的ですが、業界情報などを元に作成することもあります。購入実績をベースにすれば、市販購入品に限らず外注加工品でも対象にできます。

　購入実績価格は、購入者側ではコスト（原価）ですが、売り手側ではプライス（売価）です。このプライスをコストドライバ分析でコストの関係に理由付けして回帰グラフ化およびコスト予測計算可能なソフトウエア、つまりコストテーブルに変換します。Windows の表計算ソフトExcel を利用すると作成・活用が簡便です。回帰分析の数式だけでも利用できますが、数式と併せてグラフによって見える化すると、相関の有意さや回帰の信頼度濃淡が理解しやすくなります。

回帰線型コストテーブルのイメージ例です。詳細は 3 章です。

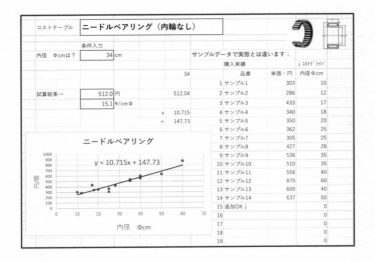

実績値活用の意義　　　evidence

　過去の購入実績価格は、価格交渉を大いにがんばって得られた値です。それをベースにしたコストテーブルは根拠が明確で自信もあります。ここに回帰分析型コストテーブルの価値があります。

　コスト（原価）とプライス（売価）について考察してみる事も必要です。そのモノが、その企業でしか実現できなければ、コスト（原価）＋αで売る必要は無い、価値の高いモノは、コストの 20 倍でも売れるかもしれません。それを必要とする人にとって、いくらの価値があるのか？砂漠で水を求める人がいれば、コストの議論（交渉）はあまり必要無い。この場合はむしろ人情といくら払えるかが大きな判断となります。

　一方で、多くの供給者が存在すれば、おのずと競争が始まってより安い価格での供給に進むでしょう。しかし、単に安ければ良いか？　その場限りではなく、中長期的な取引、品質や調達納期という視点も無視できなくなります。定価と値引率、発注ロット、汎用品と特殊品なども考慮してみる必要があります。

　競合と交渉の結果、取引価格はいくらか？　交渉の勝ち負けで良いのか？　お互いに長く取引をするのであれば、納得できる理屈にあっている（Reasonable price）のかが問われます。ここにコストテーブルでの試算や事前にコストを目利きできるかに大きな意義があります。

1-2-4　原価積算型コストテーブル　cost accounting

　図面や仕様書を提示して外注委託する場合は、発生予想コスト＋利益＝価格　という考え方で目標価格を設定して、価格交渉し決定するのが一般的です。このため加工外注品の多くは、原価積算型コストテーブルが多用されます。しかし、仕様書や図面の読み解き理解がコストテーブル活用に必要となります。これらの理解が不足するとコストテーブルを活用できないことが少なくありません。

　加工の工程設計するスキルは必須で、製造技術や生産管理のものづくり現場工程の充分な理解が必要です。これがコストテーブル利用の障害となる事が少なくありません。社内に対象ものづくり現場がない場合は、早めにサプライヤの工場見学がお勧めです。その際、"教えていただく"謙虚な姿勢が大切です。あなたの好奇心、熱意と誠意がより多くのことを学ばせてもらえます。

　原価積算型コストテーブルのイメージ例です。詳細の説明は４章です。

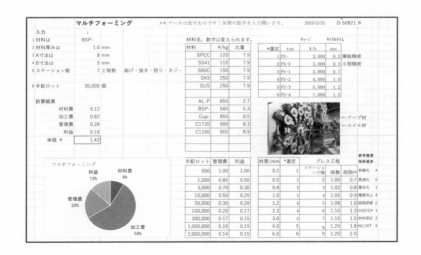

コストに唯一の正解はない　　reasonable cost

　法外な！　割高な！　リーズナブルな！　前回よりも安い！サプライ市場の状況によっても価格は左右されます。　もちろん、品質や納期との関係も無視できません。コスト（原価）とプライス（価格）の関係は一律ではありません。また、試作と量産でも、その取り組みや原価が違います。製造ロットも影響するし、汎用品とカスタム品で原価は大きく異なることが少なくありません。

　これが正しいコスト？　そう単純には決められません。その企業では購買部長も出席して精一杯価格交渉して、特別に安く決まった価格が、他の企業からすると"それは高い"のかもしれません。ある企業では、全社購買価格比較システムが稼働して、同じ品番、類似品、同じ機能品などを各事業所での購入価格を名寄せ（同じ統一コード括りに）して比較表にしています。購入量の違いや扱い商社の違いなどで価格は大きな差があります。

　コストテーブルとは、知の道具で多くの情報を整理しコストを知る根拠を示すもので、問題・課題の発見とその解決策を誘発するものです。

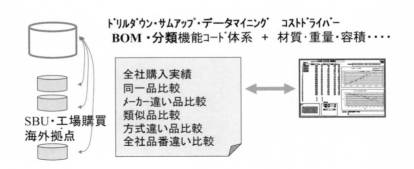

ドリルダウン・サムアップ・データマイニング　コストドライバー
BOM・分類機能コード体系　+　材質・重量・容積・・・・

SBU・工場購買
海外拠点

全社購入実績
同一品比較
メーカー違い品比較
類似品比較
方式違い品比較
全社品番違い比較

36

1-3　　コスト分析　　　cost analysis

　そのコストはいくらであるべきか？　つねに購買担当者の意識すべき命題です。過去にいくらで購入したか？　実績があれば参考になりますが、同じ仕様の実績が無ければ解りません。また、実績はあっても為替や地金市況に影響されて変動する部材の場合の材料費は大きく変化します。コストの内容についても知ることが大切です。

　また、標準的な汎用量産品か特殊品かによっても変化します。サプライヤの製造規模や設備装置によっても大きく変わります。より安く買いたい！の心情だけではなく、対象品のコスト分析ができることが望ましいです。いきなりあまりにも詳細な分析にこだわらずに、サプライヤとの対話も怠らず、好奇心を維持向上しつつ少しずつでも深入りすることがお勧めです。

　コスト分析ができれば、設備機械の技術、加工工数の要因、加工の自動化率や管理のやり方などが見えてきます。そしてサプライヤとの対話によって、業界の状況や変化が把握できます。あなたの働く会社で一番詳しい人になり、業界を熱く語れる日が近く訪れるでしょう。

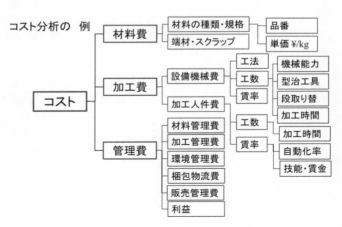

1-3-1 材料費が語るもの　　　material cost

　原材料費の知識は必須重要です。材料費を知ると推測される付加価値から、コスト全体の概算や課題を推測可能となります。

・材料比率からの推測

　図面による加工外注委託する部材、例えば板金加工、プレス加工、プラスチック成形品などは、購入価格に占める材料費率が50％以上ではサプライヤの経営は困難でしょう。単なる加工だけの再下請けならまだしも、VE提案でき金型を整備し品質を維持する業態では、拡大再生産はできないと考えられます。強引な値引きにも限界があります。

・汎用品からの推測

　一般的な購入品の"定価"は、それなりの利益や販売経費を確保できる値決め（小売り希望価格）となっております。この場合の社内製造コストはおそらく定価の20～25％程度と推測されます。業種業態によって異なりますが、販売価格の30～40％の事もあるやもしれません。その場合の材料費は10％程度かもしれません。

・スクラップ（端材）

　材料から部品が作り出される際に、「材料取り」が行われます。プレス打ち抜き加工の場合は、端材がでます。プラスチック成形の場合は、スプルー・ランナの端材がでますが、ランナレス金型もあります。また、再生材をある比率で新規材料に混ぜることも、特性に影響ない範囲で行われています。鋳物や鍛造では、仕上を予定して材料を少し多く使用します。

1-3-2　加工費の変数は少なくない　processing cost

　加工費を計算する場合、ものづくり全体について充分な知識が必要です。Web. でも OK ですが、サプライヤの現場見学での対話で容易に詳細が得られます。購買担当だからこそできる学びの機会です。

・正味加工時間と段取り時間
　　段取りの工夫と製造ロット　シングル段取り化　9分→数秒
　　組立は混流生産も、治工具交換の自動化　1個流し量産
　　NC, MC 切削機械の加工ソフトのダウンロード

・加工の自動化
　　人の関与の減少と条件の最適化ソフトは大幅に進んでいます。
　　複数台 /1 人で、機械操作に必要な人員は限りなくゼロを指向
　　ワーカーの熟練レベル、セットアップは熟練者・操作は簡易化
　　汎用機と専用機、対象によって使い分け

・金型の工夫
　　面付け・多量生産、セット取り・プラモデル式
　　複合化　　　インサート、アウトサート、組立も
　　順送型　　　カセット式金型　共通型、一部交換式
　　フールプルーフ　自動調芯治具、誤組立予防構造・形状
　　個別仕様への対応、型のローダ・アンローダ

・仕様・図面の工夫
　　標準化・共通化、ソフトリッチ化、ソフトの構造化、コアモジュール化

1-3-3　何と何が管理費か？　　　SG&A

　管理費　材料管理費　加工管理費　販売管理費　品質管理費・・・

・材料には材料管理費がかかります。

　材料調達の経費、保管在庫の費用、劣化減耗費用などがあります。

・加工管理費

　建物・設備・機械の必要な投資と維持・保守整備費用、エネルギー費用もあります。MRO: maintenance, repair and operations 費用も

・金型管理費

　近年、中小企業庁では金型管理費の負担について、サプライヤへ押しつけている企業があることを指摘しています。これは、プレス、プラスチック、鋳物などのサプライヤが数多くの金型を保管・維持管理する費用負担の問題です。企業によっては、クレーン付きの建物まで負担しております。

・環境管理費　ISO14000　産業廃棄物管理

・品質管理費　ISO9001　・技術開発費　　・販売管理費

・多品種小ロットでは、管理の手間が多くかかります。

　製作ロットに関係なくかかる費用もあります。発注一件当りの金額が小さい場合は、管理費比率（（材料費＋加工費）× %）は大きくなります。ロット数に応じた管理費係数を考えます。

手配ロット別　管理費・利益の例

手配ロット	管理費係数	利益係数
50	3.00	1.20
100	2.00	0.70
500	1.50	0.40
2,000	0.50	0.25
5,000	0.30	0.20
10,000	0.20	0.13
30,000	0.17	0.12

1-3-4　利益はいくらが妥当か？　　　　profit

　企業は継続・拡大再生産するために利益が必要です。企業永続の３条件は①利益、②成長、③ガバナンス　と言われております。これは世界中の企業にとって共通するもので、利益こそは重要です。

　従業員への投資も必要、株主への還元、地域社会への貢献もあります。優良企業の販売価格に占める製造原価は 50% 未満でしょうし、エクセレント企業では、25% 以下も決して少なくありません。委託加工先は、いくら（%）が妥当なのでしょうか？　いくらという決まりはありませんが、製造原価に対して 20 ～ 35% くらい (販売管理費を含めて) が妥当との意見もあります。発注者側の会社では、いくら(%)でしょうか？

　市販品では、いくら（%）が妥当なのでしょうか？市販品の希望売価は、充分な利益が含まれております。当然利益込みなのです。受注を待っているだけの企業では、営業・販売費用も少なくても可能と推測されます。また、他社にまねの困難な加工技術や特殊品であれば、原価（cost）＋利益の議論は行われにくい事も考えられます。

　大量に取引される場合は、少量取引に比較して取引金額と利益の割合（%）は変化する場合が多いようです。コスト分析の理屈・詳細はこのようなことですが、拡大再生産のため人件費や再投資額などそれなりに企業活動の現実解を考えて設定する必要があるでしょう。

1-3-5　ものづくりの理想原価　　PCS

　「このようにつくれば、この価格でできる」は買う側の勝手な言い分ですが、何らかの根拠を示すことは、買う側の責務？でもあります。エイヤッーと思いつきで目標値を言っても無意味です。固有のサプライヤに依存しないで、その業種での理想的仮想工場で加工方式・工程設計を基本としてあるべき材料費、加工工数、設備、人件費・・・PCS(purchasing cost standard: 購買コスト標準) の試算値です。

　当然のことですが、この理想工場要件を満たすサプライヤは存在しないということです。しかし、サプライヤにとっても「こうありたい価格」がいくらなのかを知ることは重要です。この原価でできる？サプライヤにとっては、不都合な理屈と数字です。でも、この原価で作れるサプライヤが近い将来現れるかも、という購買情報でもあります。

　PCS の理屈を購買が振りかざすと嫌われます。" この原価でできるはず " なのですか、この原価でできるサプライヤがあるのですか？　理想原価のレベルにこだわりすぎると、数字が空回りすることがあります。理論値をもつことは必要ですが、開発設計部門が " この原価で購買が必ず購入できる " と誤解することもあります。

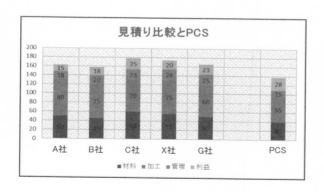

1-3-6　理想と現実、根拠を示す　　　reasonable

　技術は進歩します、技術ロードマップで現在と数年先を見据えてコストテーブルに取り込むことも必要です。一歩先を行く指標となるようなPCS の数値は有効です。しかし、あまり先を行く数値ではサプライヤも協力困難です。以下に設定の例を示します。(数値は参考値)

・機械操作の自動化率

　　3 台 / 人運転を、5 ～ 6 台 / 人運転へ　生産ロットや管理の工夫

・金型交換時間

　　5 分を、3 分へ　　2 分を、1 分へ　具体的な対策案提示

　　ダイセットの大きさや取付け寸法の標準化、ローダ / アンローダ治具

・プラスチック成形時間の短縮

　　20 秒 /cycle を、15 秒 /cycle へ　金型冷却、ランナレス、材料変更

・筐体溶接の歪取り時間の節約

　　5 分を、1 分へ　溶接治具の改良、点溶接の順序、部品形状変更

・プレス加工工数短縮

　　1.0 秒を、0.3 秒へ　　材料フープ化、順送プレスからフォーミングへ、

・プレス板金の材料取りネステイング

　コスト分析、材料費、加工費、管理費などの合計に利益を上乗せする伝統的(もしくは古典的)な原価方式には根拠明確という良い面とそうでない面もあると考えます。かかってしまったコストの合計を認めるのではなく、必要でムダなくかけるべきコストはいくらなのか、という計算を優先するのは買う側の理屈です。しかし、強引な値引き要求ではなく、合理的で納得できる(reasonable)コスト内訳を提示することは、共益協創につながります。目標コスト逆算(backcasting)による IEや VE アイデア誘発へつなげる取組みとしてコスト分析は有効です。

1- 4　コストドライバに"そろばん"がコストテーブル　cost driver

　コストに影響を与える要因（変数）がコストドライバです。コストドライバは大別すると①製品コストドライバ、②製造コストドライバ、③取組みコストドライバがあります。コストテーブル作成で主に必要なのは①と②です。

①　製品コストドライバは、製品仕様そのものです。

　・重量、大きさなど　・耐熱度・強度など　・特殊品か汎用品
　・方式・構造など　・品種数・部品点数　・初期投資／維持・廃却費

②　製造コストドライバは、製造・物流プロセスです。

　・加工方法　・品質管理方法・図面の改良　・設備機械・型治工具
　・単品かセットか　・製造拠点の比較　・国際調達・為替

　コストドライバを発見できれば、コストテーブルを作れます・使えます。そして、原価改善が見えてきます。コストドライバを良く理解できれば、コストダウンのアイデア発想が豊かになって、コストダウンの能力が確実に高まります。コストドライバはコストダウンの入り口です。

コストドライバ＝コスト要因・変数≒コストテーブル　→コストダウン

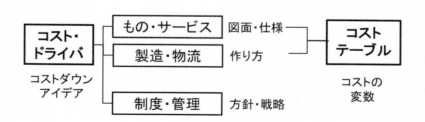

1-4-1 製品コストドライバ　　production cost driver

　プロダクト・コストドライバは、製品の仕様や設計図面などの諸元です。製品設計仕様そのものです。もし、図面や仕様書を読めなければどうしようもありません。しかし、プロダクト・コストドライバの知識があれば、図面の詳細を熟知していなくても大丈夫です。そして、設計やサプライヤに教えてもらえば良いのです。単に価格の会話ではなく、コストドライバについての対話がお勧めです。

　以下の図のように6つの視点があります。これらのコストドライバを使ってコストテーブルを作るには、定性的ではなく定量的に把握することが大切です。但し、金型や治工具のコストテーブルでは、質の特性を測定・評価することも有効です。主な例を示します。

・重量　　gr, kg, ton, ・・・
・大きさ　ϕ , mm, cm,　m, ㎡・・・
・容量　　L, ㎤, bl, W, Kw, OZ・・・
・構造　　切削段数 , プリント基板層数 , 回路数 , パターン密度・・・
・質　　　耐熱性、曲げ強度、耐衝撃強度、クリープ強度・・・
　　　　　寸法精度、平滑度、特殊歯形、構造の複雑さ・・・

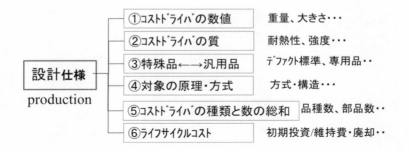

1- 4 -2 製造コストドライバ　process cost driver

　プロセス・コストドライバは、ものづくりのプロセス全般です。製造技術、生産技術、品質管理や物流に及びます。設備・機械の能力、加工の順序などの工程設計（QC工程図）の技能が必要となります。

　リモート・ワークの時代にはその機会がますます少なくなっていますが、購買するものづくりの現場を良く見学することがお勧めです。多分、ものづくりの知識は Web. 検索でもかなりのことが解ります。しかし、現場での体感と質問・対話があることが望ましいです。理解とは、まさに　I see.　見た、I understand. そこに立ち会った、なのでしょう。

　購買対象品によっては、電子入札方式も有効でしょう。三社相見積もりで安い価格のサプライヤを選定すれば、価格交渉しないやり方も考えられます。汎用市販品の場合には、作り方について云々することは少ないでしょうが、サプライヤとの対話はあった方が良いでしょう。ものづくり技術はどうか、業界は今何が起きているか、情報はあった方が良いでしょう。なぜなら、理解を深めて信頼につながるからです。

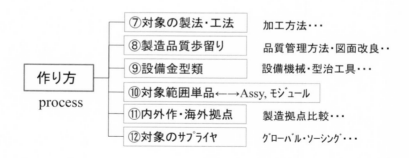

1- 4 -3　取組みコストドライバ　activity cost driver

　コストテーブルの作成に直接関係しませんが、コストダウンを考える際には必須の対象です。知っていたほうが大変お得です。何を考えてどう活動するのか、製品を構成する部品のコストを根底から大きく左右する制度設計・取り組み企画立案のコストドライバです。

　設計仕様や作り方をつき詰めて限界があるときには、このアクテビティ・コストドライバでの解決策が考えられます。つまり、設計仕様やものづくりを左右する大きな変数（要因）ということです。コストテーブルの活用を通じて、部材の共通化やモジュール構造の検討、新規サプライヤの開拓・連携などの課題が見えてくる事が少なくありません。

　また、このような視点での検討が購買の成果を左右し、関係者との連携・共益協創を進展させる推進力ともなり得ます。コストテーブルという枠を超えて、購買関係者が好奇心を持つことは重要な識見でもあります。

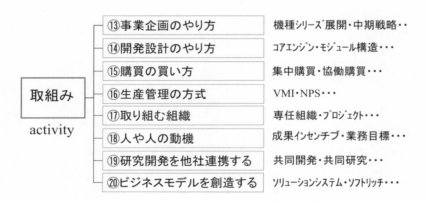

取組み activity	⑬事業企画のやり方	機種シリース゛展開・中期戦略‥
	⑭開発設計のやり方	コアエンジン・モジュール構造・・・
	⑮購買の買い方	集中購買・協働購買・・・
	⑯生産管理の方式	VMI・NPS・・・
	⑰取り組む組織	専任組織・プロジェクト・・・
	⑱人や人の動機	成果インセンチブ・業務目標・・・
	⑲研究開発を他社連携する	共同開発・共同研究・・・
	⑳ビジネスモデルを創造する	ソリューションシステム・ソフトリッチ・・・

1- 4 -4　コストドライバの整理　cost drivers table

　プロダクト・コストドライバを調達品目群（購入ジャンルやカテゴリー）ごとに整理したものがコストドライバ集です。これを基に工夫すればコストダウンアイデア集としても活用ができます。整理するだけではなく、主要なコストドライバを精査して、コストテーブルに変数として埋め込むことが大切です。

　コストドライバとは、中学生の理科の知識レベルで充分理解できるもので、モノやものづくりについて精通していなくても、聞いてすぐ納得できる内容が求められます。但し、その業界で専用に使われる慣用句や技術用語も表現しておくと大変便利です。

　整理のやり方はその会社としてデザインを標準化されることをお勧めします。また、設計部門との共有化と主要なサプライヤとの共有によって共益協創の取り組みを期待できます。これがあればだれでも購買対象部材のコストドライバを容易に学べます。

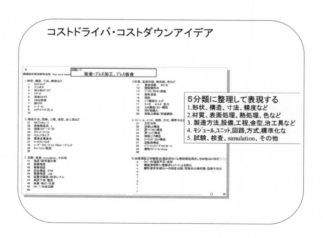

コストドライバを活用したコストテーブルの作り方は、3, 4章です。

1-4-5　コストドライバ／アイデア集の評価　　evaluation

　コストドライバ集が作成できれば、それを応用してコストダウンアイデア集ができます。購入対象品の多くについてこれらのアイデア集が組織の知財として共有されれば、"アイデアが思いつかない"は殆ど解消されてしまいます。既に多くの企業がアイデア集の蓄積・共有が行われております。

　コストドライバ集の応用でコストテーブルが作成され、コストドライバ集の応用でコストダウンアイデア集が作成・蓄積・共有されます。これはコストマネジメントにおいて、コストテーブルと併せ、"知のインフラ"として重要なことです。これらのアイデアは設計・購買・サプライヤと共有活用されれば、企業競争力の向上に大変有効です。

　どんな資料も作っただけでは、いずれ陳腐化します。定期的な評価見直しと更新が必要です。サプライヤとの対話による知恵の融合が有効です。アイデアの整理にとどまらず、技談の知恵ベースとして機能できます。以下は評価表例のイメージで、詳細は巻末に示します。

コストドライバ／アイデア集の評価表

49

2章
コストテーブルの活用

☆　購買は知の現場　知恵の融合・協創
☆　道具は使う人の知恵にかかっている
☆　買い手と売り手が理解し合う架け橋、コストテーブル

2-1　コストテーブルを活かす知恵　　literacy

　コストテーブルは存在することより、活用することに意味があります。どんなに立派なコストテーブルでも使わなければ無いのと同じです。そして、コストテーブルは組織の知的財産（ノウハウ）でもあるので、より多くの人が活用して成果をあげることが望まれます。

　コストテーブルを使いこなす技能があれば、コストの目利き、図面・仕様の目利き、サプライヤの目利きができます。コストテーブルでコストを語れる根拠が明確になります。価格交渉の事前準備が進み、技談交渉のシナリオも書けます。コスト情報の相互理解で、サプライヤからのVE提案を誘発させる架け橋にもなります。

　とにかく安く買いたいではなく、明確な根拠（reasonable）、過去の実績（evidence）の活用はデータで語る・データがものを言う仕事の展開で利益を創造する複利循環（spiral up）が企業競争力を高め続けます。

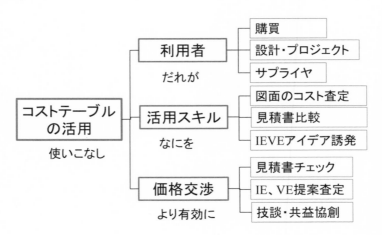

2-2　誰が使う・いつ使う・どう使う　　co-working

　コストテーブルの活用局面は多岐にわたり、購買部門だけではなく信頼関係を維持する重点サプライヤとの協調利用（collaboration）もあります。購買部門が、購入目標価格を検討する、値決め交渉する、コストダウン予算検討する。開発設計部門が設計アイデアの原価を試算する、複数のアイデアの原価を比較する。企画部門が新商品の差別化戦略の利益と原価を試算する。サプライヤの営業部門が見積もりを試算する、VE提案の原価を試算するなどがあります。

　コストテーブルは、購入コスト実績や原価積算の根拠などの営業機密情報を含みます、この情報を限定した重点サプライヤと共有することで、VE・IEなど即議論のベースが整いますが、問題も少なくありません。継続的にモノや利益をもたらすパートナーですので、情報の共有は意義深いことです。お互いの信頼関係に基づいてお互いが利益を享受する関係です。

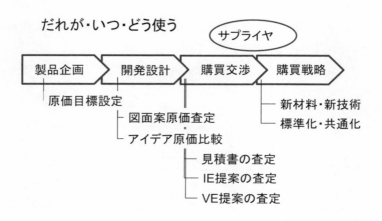

だれが・いつ・どう使う

サプライヤ

| 製品企画 | 開発設計 | 購買交渉 | 購買戦略 |

├ 原価目標設定

├ 図面案原価査定
└ アイデア原価比較

├ 見積書の査定
├ IE提案の査定
└ VE提案の査定

├ 新材料・新技術
└ 標準化・共通化

2-2-1 購買部門が使う　　　　purchasing　department

　コストテーブルは、まさに購買部門で日頃から多用する道具です。主な用途は

・見積書の査定　価格交渉・値引きの視点整理
・購入価格目標値の設定
・開発設計時点での　図面案の見積り
・プロジェクトでの　複数のアイデアの原価見積り比較
・購買戦略の企画立案時に成果試算 などがあります。

　新規品の発注に際して、見積り依頼し取得した見積書を査定します。多くの場合、材料費や加工費などをコストテーブルで査定します。値引きの視点を整理して、価格交渉に臨みます。購買担当者や価格交渉の常識として定着しており、否定するものではありません。しかし、小さな事を指摘するのは、別な表現に "micro management" "重箱の隅を突っつく" というのがあります。

　相互理解の架け橋として、コストテーブルの活用ができないものでしょうか？　それには、単に売り買いの対立関係から脱して深い信頼関係が無ければできない相談です。近年、共益協創ができている企業が拡大しております。開発購買に取り組んでいる企業とそうでない企業の差がますます拡大しております。

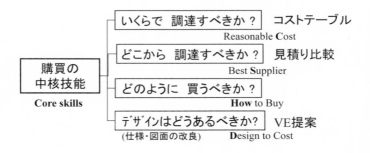

2-2-2　設計やプロジェクトで使う　on a project

　設計や製品開発プロジェクトなどでは、コストテーブルが活用される
局面が少なくありません。主な用途は
１．原価企画での各部材への原価割り付け　目標原価の設定
２．図面案やアイデアの比較・コスト査定
３．共通化・標準化の検討支援
４．新技術の比較・コスト評価
５．原価目標逆算コストダウンアイデアの誘発
などがあります。

　プロジェクトの中で設計と購買が、図面について理解し合う触媒がコ
ストテーブルです。積算型コストテーブルを利用してコストドライバを
知れば、コストダウンの具体策が語れます。

・コストドライバを知れば、コストダウンの話しをまとめられます。
・コストドライバを伝えれば、IE カイゼンが見えてきます。
・コストドライバを語れば、VE アイデアが誘発できます。
・コストドライバを理解できれば、技談がどんどん進みます。
・コストドライバを操れれば、開発購買が確実にできます。

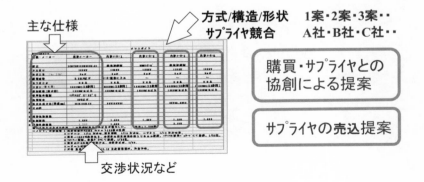

2-2-3　サプライヤが使う　　　　supplier

　購買部門（買い手）は、サプライヤ（売り手）がどのようにして見積書を作成しているのかにも、思いをめぐらす必要があります。私の少ない経験ですが、あるサプライヤに買い手のコストテーブルの精度の評価を依頼した事があります。当然のことですがサプライヤ自身の見積り基準（コストテーブル）を保持していました。信頼関係から、その内容をお互いに見せあって対話しました。

　お互いに興味津々でしたが、材料費の計算、機械能力の選択、工数の見積りなどはほぼ同じでした。管理費や利益についても考え方は同じでした。ただ、どの客先向けかによって割増係数のような設定がありました。A社向けは×1.15とか、B社向けは×1.25などと積算された原価を割増して、見積書作成することでした。見積書提出後に、買い手の値引き要請の状況への対応策とのことでした。係数値をいくらに設定するかは、サプライヤの営業責任者の戦略に依存します。

　深い信頼関係のサプライヤとコストテーブルを共有している企業があります。パートナシップを築いている重点サプライヤとの関係において存在しています。買い手と売り手が共益協創を取り組む関係に限って実施されておるようです。大変意義深い取り組みで、お互いに手の内を見せ合って、お互いの利益を追求する取り組みです。

買い手の交渉術に対応して割増

A社　×1.15で見積書
B社　×1.25
　　　×1.35
C社
　　　×1.45
X社

サプライヤ
原価見積り

2-3　コスト見積り依頼する　　request for quotation

　コスト見積りが自分でできることが、購買担当者にとって技能レベルが高いと評価されます。しかし、一般的に購買担当者の基本的な価格決定の手順としては、3社相見積もりを実施して価格交渉に臨む事でしょう。それを否定するものではありませんが、それだけでは不足です。なぜならば、安く購入する価格交渉力が秀でていても、安くできる設計支援力 (VE 提案など) が不足する場合があるからです。

① 　自分でコスト見積する、（コスト見積りできる）
　　　見積り基準がある、コストテーブルがある
　　　サプライヤに目標価格を提示できる、
　　　指定の見積書フォーマットがあり、コスト内訳の記入を要請できる

② 　コスト見積り自分でやらない、（やれない）
　　　競合サプライヤに相見積もり依頼する、見積書の比較をする。
　　　前回発注価格との比較、類似品実績価格との比較・交渉だけでは成果が限定されます。受け取った見積りをどう扱うか？

見積り依頼と回答対応の進め方　　　　steps
・RFI 　情報提供依頼書　　　　　提供できる製品・加工やサービスの内容
・RFP 　提案依頼書　　　　　　　新技術・サービスなどの売り込み依頼
　・RIEP　　IE 提案依頼　　　　ものづくりの工夫提案、工法・金型など
　・RVEP　　VE 提案依頼　　　仕様・図面の VE 提案、材料・構造など
・RFQ 　見積書依頼　　　見積り条件を提示して見積り提出依頼
・AFQ 　見積り回答　　　提出された見積書に対する回答
　・RVEP　再度 VE 提案依頼　　仕様・図面の VE 提案依頼
　・Request Co-creation 連携協創依頼　　技談

2-4　使いこなしスキル　　　literacy

　道具は古来「作り手 8 分（ぶ）　使い手 2 分」の格言があります。名刀 " 村正 " も、使いこなす（literacy）にはそれなりの技能（skill）が必要ですが、知の道具はできるだけ容易に（easy）だれでも利用できるように活用の敷居をできるだけ低くする工夫もあります。また、使う人のコストダウン・VE マインド誘発などの使いこなす能力が高まることによって、同じ道具でも大きな成果を生みます。

　もちろん、解りやすい利用マニュアルも必要です。それによって、見積もりの標準化と生産性が高まります。できれば、マニュアルを見なくても使いこなせる（manual less）工夫が求められます。IT や AI を多用する DX の時代に、沢山のマニュアルを活用し管理することは、企業の生産性を維持進化させるためのブレーキとして作用してしまうこともあります。目指すは、マニュアルレスで簡便なコストテーブルです。

　コストテーブルの稼働率（利用者数と利用頻度）を高めて成果を大きくする工夫があります。だれが見積もっても同じ結果（数値）がでることです。良いコストテーブルが企業内で普及することによってコスト見積の標準化ができます。そして、簡便な入力によってコストテーブルの稼働率が高まり、成果が大きくなります。

コストテーブルの扱いやすさ

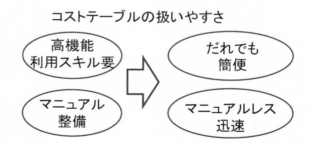

2-4-1　対象のほどよい細分化　　　　　specialize

「何でもできる」はクセモノです。あまりに万能的で高度なコストテーブルは使い勝手と精度に問題があることが少なくありません。対象範囲を適度に絞り込む事が、活用しやすいコストテーブルの要件です。

万能ナベが良いか？それぞれの目的にあったフライパン、片平ナベ、圧力鍋・・・？道具の種類が多すぎては管理が大変です。ほどほどの種類と使い分けの調和が求められます。「何でもできるコストテーブル」はクセモノです！　もちろん、より多くの対象範囲を見積り可能なことは良いことではありますが、それによって入力項目数の増加があります。適度な分類と適度なカバレージ(特殊なモノを見積り対象から除外する)の設定をお勧めいたします。

企業の業種・業態によって異なりますが、購買関係者の知識と利用スキルの程度を把握することも大切です。また、利用者のスキル向上に対応してコストテーブルの入力条件を工夫できる仕掛けも有効でしょう。Excel によるコストテーブルでは、関連するものを、一つの book の中の sheet に複数組み込んでおく工夫が使いやすさを高めます。同じ規則性と標準化ならではの利便性です。簡便・迅速です。

類似関連コストテーブルのとりまとめ

2-4-2　購入品での使いこなし　skill cluster

　購入品のコストテーブルは、主に回帰分析型が使われます。これをうまく使いこなすには、いくつかの知識があると使いこなしができます。対象品の価格を知るだけでは、使いこなしには至りません。

　対象品の特性・機能、種類や品番（サイズ・大きさ）の知識があると、コストテーブルでコストについて熱く語れます。その業界の特徴や規模などを知ればサプライヤとの対話が深まります。対象品の主要な最終製品や顧客（demand）・需要の構造や主要な製造拠点・メーカー（supply market）などまで理解できると業界通に近づきます。

　技術は進歩します。対象によって進化の方向は大きく異なりますが、新材料、新工法、新方式、ソフトリッチ化など日進月歩です。ある技術が突き進んでくると別な方向へ展開（breakthrough）がおきることがあります。技術ロードマップを取得して変化を注視することも肝要です。取引関係のあるサプライヤ（又はメーカー）からは技術ロードマップに加えて製品ロードマップの提供も行われております。

購入品のコストテーブル活用のスキル・クラスタ

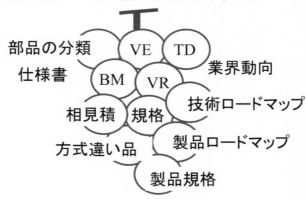

2-4-3　外注加工品での使いこなし　skillful use

　外注加工品のコストテーブルは、主に原価積算型が使われます。うまく使いこなすには、いくつかの知識があると使いこなしができます。コストテーブルではいくらになっています、だけでは不足です。

　ものづくり、QC工程図の知識などがあることが必要です。しかし、加工機械の大きさ（能力）をどうやって決めるのかが、最も重要な知識です。それには、機械能力を決めるコストドライバの数値を知ることです。ここが理解できなければ、原価見積りの壁となります。コストドライバは複数ありますが、その中の主要なものを理解することです。

　手作り工芸品を除き、工業品では設備機械が加工を行います。近年はコンピュータ数値制御（NC）が殆どの機械で組み込まれております。どの部品を何個作るかを機械に段取り・設定（setup）すれば、あとは機械が自動運転で作ります。ただ、段取りの巧拙・最適化によっては課題も少なくありません。24H稼働する工場もあります。運営する人員の数も少なくなっていますが、24H無人というわけには行きません。人件費と機械装置の償却費は必要です。

外注加工品のコストテーブル活用のスキル・クラスタ

機械能力　IE　VE　TD
工程設計　BM　VR
相見積　QC　技術ロードマップ
ものづくり　NC
構造・形状

2-4-4　ものづくり現場カイゼン　KAIZEN

　ものづくり現場カイゼンを行う場合には、精緻な原価積算型コストテーブルが有効です。しかし、購買担当者の多くが、この入力ができるかどうか、現場カイゼンまでを必要とするのか考えるべきです。

　例えば機械加工旋削の場合、機械能力の選択、刃物の種類・選択、被切削物の材質（切削性）、回転周速度、刃具の切り込み速度・送り速度、加工の寸法精度、加工面の平坦度などの設定や選択ができることが求められます。

　詳細な原価積上げのプラスチック成形品の場合、重量や投影面積、機械能力の選定、金型の構造・ゲートデザイン、冷却方式、金型段取時間、射出圧力や保圧冷却時間の設定、部品取り出しの方式、色替え時間などの設定が必要でしょう。

　精緻なコスト分析に基づくコストテーブルは有用です。しかし、かなり扱いが困難で使いこなすには、それなりの専門知識が求められます。そして、利用者が限定されます。購買部門での活用では、入力項目はせいぜい 10 項目未満でないと、使われなくなるとの話しもあります。コスト交渉、ものづくり改善（IE）、VE 提案などに実用上の精度を保った現実解としてのコストテーブルがお勧めです。

　購買や設計部門では、工程設計をできなくても少ない項目のコストドライバで簡便に使えるコストテーブルが求められます。精緻なコストテーブルよりもまずは現実解、これがコストテーブル稼働率を高める鍵です。もちろん、利用する人の知力レベルを高める工夫も大切です。

2-5　コストダウンのスキル　　skill cluster

　コストダウンのスキルは、単に価格交渉の駆け引きから、ものづくりの原価の内訳や加工技術へも入り込む話しです。更に設計図面の機能（なぜその図面なのか）までも深く踏み込む範囲となっています。

　当然ですが、売り手と買い手が向き合った途端に、対立です。この対立を前提としてお互いの利益を創造することが、購買の使命でもあります。その解決策が"共益協創"や"Win-Win partnership"の概念でしょう。お互いの利益のもとの多くは"工学（engineering）"にあります。

　工学は価値を高めるために存在し、それらの一部はコストダウンの道具とも言われています。この道具の中にコストテーブルも入ります。それらは単独でも使われますが、クラスタとして融合し相互に作用し合ってこそ合成力（コストダウン力）が高まります。

　コストテーブルが関係する主な工学には、IE: 生産工学、VE: 価値工学、QE: 品質工学、ME; 機械工学、CE：コスト工学、EE：経済性工学・・・等があります。売り手と買い手が工学について討議する場合は、対立ではなく協調です。ここに共益協創のカギがあります。

コストダウンスキル・クラスタ

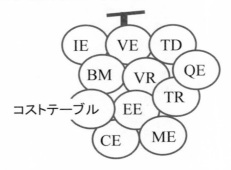

2-5-1　見積り合わせ　相見積り交渉　Benchmarking

　まずは、三社相見積りで価格の比較ができて、交渉が始まります。一番安い見積価格から更に安く値引き交渉するのでしょうか。安い見積価格をテコに既存のサプライヤに値引き交渉するのでしょうか。

　最初の見積りが思ったよりも安ければ Happy ですが、そんなことはまず起りません。なぜならば、サプライヤは少しでも多くの利益を得たいからです。当然のことながらサプライヤは、買い手の過去の取引価格を調査しています。そして、過去の交渉の値引率なども考慮して見積価格を決めているでしょう。値引き要請は、想定内の話しです。

　新規のサプライヤ候補からの見積書の価格はどうでしょうか。かねてから取引を望んでいる候補企業は、今回は赤字でも思い切って安い価格を提示するかもしれません。しかし過去に見積り合わせでがんばっても、情報だけの提供（アテ馬）となり成約しなかった場合は、良い対応は期待できません。

　指し値による強引な価格要請は問題ありますが、単に競合見積りだけでは、良い交渉は望めません。

見積り合わせ競合　対立的な交渉の限界

買い手 → ← サプライヤ
相見積もりします　頑張ります

BM

相見積もりお願いします
他社はもっと安いですよ
では他社へ発注‥

精一杯の低価格です
これ以上は無理です
困ります‥今まで随分協力したのに

サプライヤの競合・安くならないこともある

2-5-2　コストを改善する　査定購買　　IE/QC

　図面や仕様を変更しないでもできる、コストダウンの取組みがあります。IE（生産工学）やQM（品質工学）がものづくりの原価改善の役に立ちます。どのように取り組めば良いのでしょうか。

　IEは現場カイゼンとも言われています。作業工程分析（作業、金型や材料）などでムダなどを見つけてカイゼンするやり方です。見積書をチェックして指摘やカイゼンのアイデア等を話し合います。しかし、サプライヤとしては見積書の数値と実態とは違って、既に承知していることかもしれません。

　金型デザイン改良によって材料取りの工夫による材料費の削減提案、加工時間の短縮提案など、購買からのアイデア提供とコストテーブル評価による費用の節約は、既に承知していることもあれば、新しい発見もあるでしょう。購買は複数のサプライヤからの情報で工程設計や品質管理などの多くを学んでいるからです。

　購買はコストを動かし人を動かす。そこにコストテーブルの意義があります。購買は直接ものを作りませんが、ものづくりを理解しカイゼンのアイデアを提供できれば、サプライヤも理解し納得します。

ものづくりカイゼンで　サプライヤの原価を安く

2-5-3　コストを創り込む　知の融合　　design to cost

　設計図面のここを変えたら、このコストでできる！そんなことができるのでしょうか？　図面を変えてでもコストを変える、コストの創り込みはどのような取組みがあるのでしょうか？

　開発設計時点でコストを創り込むことが、より大きな利益を生み出します。開発プロジェクトで良いアイデアを取込んで魅力ある新製品にすることが企業利益を生み出します。「なぜこのような設計仕様なのか」、必要な機能を実現する各種アイデア（VE）の原価比較評価にコストテーブルは必須重要です。購買予定の部材について開発設計でのコスト試算は設計を支援できます。

　設計図面案の段階で、サプライヤの見積り査定と改良アイデアの評価に、コストテーブルが簡便・迅速に役立ちます。もちろん外部購入先の見積書を確認することは必要ですが、アイデア検討のその場でコスト試算することは有効です。その意味では、サプライヤを支援することもあります。原価と設計アイデア（design to cost）は密接な関係があります。主なコストドライバがそこにあるからです。

　コストテーブルは、単なる“ものさし”ではない！その役割は“見積書のチェック”だけではない！　このことに気づかなければ、購買部門の価値は確実に低下してゆきます。共益協創についても、よく認識して取り組まなければ、購買部門の地位（prestige）は次第に低下してゆきます。図面にコストを創り込むのは簡単ではありませんが、購買だからできることです。設計の知恵とサプライヤの知恵を融合させて利益を創る架け橋がコストテーブルなのです。

2-6 パートナシップでコストダウン　　Win-Win partnership

　信用と信頼は大きな違いがあります。信用関係では、それなりの協調関係の範囲ですが、信頼関係が築かれれば、手の内を見せ合ってでも共益を創造する（コストダウン）取り組みが可能です。

1. ものを買う・ものを売る　　手間や材料費の売り買い
2. 知恵を買う・知恵を売る　　アイデア・提案でコスト改善
3. 価値を買う・価値を売る　　企画提案、共益協創の取り組み

　買い手と売り手の間には「対立」が必ず存在します。しかし、開発購買や提案型営業を取り組む場合「共益協創」を前提にする必要があります。この協創のプラットホームとしてのコストテーブル活用が大変有効です。色々な原価低減アイデアを評価する際にコストテーブルが提案・討議のプラットホームになるのです。

　値上げ要請と値下げ依頼、どちらも対話が必要です。近年エネルギーや円安影響の物価上昇でサプライヤからの値上げ要請が増加しております。都合悪い話しに対話しない企業が少なくないとのこと、価格転嫁協議せず優越的地位乱用/2023年・日経新聞。対話こそが信頼を深め高めるのに！お互いの企業に対話力と協創力が問われます。

パートナーシップの原点・相互理解

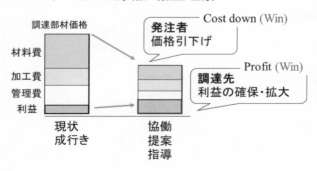

2-6-1　対立から協創・技談へ　　Creating Shared Value

　ビジネスライクで成立する取引があります。しかし、その取引だけではなく中長期に続く取引では、駆け引き重視よりもパートナシップでの取引のほうが有益と考えられます。交渉戦略での交渉を否定する訳ではありません。売り手と買い手の対立はゼロにはならないが、対立から協創へ替えることはできる、それは " 技談 " という取組みです。二者択一ではなく、技談への取組みに重点を移す必要性の認識です。

　「技談」とは技術をベースにした利益創造の解決策を売り手と買い手が共に連携して取り組む交渉のやり方です。VE や IE による技術的な解決策の原価評価にコストテーブルは必須重要です。戦略的な交渉理論の有効性を否定するものではありませんが、「コストの創り込み」を取り組む開発購買と「顧客の課題解決」を取り組む提案型営業では共に「技談」が必須重要となります。

　交渉の理論、交渉タクテイクス（戦術・戦略）は必要です。しかし、その交渉に臨んで妥協を受け入れた相手（サプライヤ）は次回の交渉をどのように取り組みするのでしょうか？　より協力的に、より良い提案を準備するのでしょうか？　交渉するたびに、更に信頼関係が増すのでしょうか？

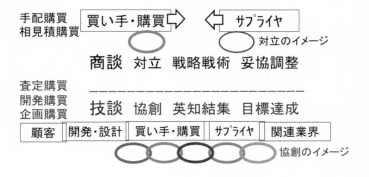

2-6-2　共益協創で信頼を深める　　　　platform

　短期的な利益追求と併せて、取引の持続性・企業の永続性を重視する中長期的な視点で考えると、"技談"による共益協創の取組みが良いと考えられます。"技談"が下請法（公取委員会）のくびきを超えて、売り手と買い手がお互いに学び成長する取組み (purpose) こそが、これからの企業に期待されるものと思われます。

　買い手と売り手の間には「対立」が必ず存在します。しかし、開発購買や提案型営業を取り組む場合「共益協創」を前提にする必要があります。この協創のプラットホームとしてのコストテーブル活用が大変有効です。色々な原価低減アイデアを評価する際にコストテーブルが検討・討議し共益協創のプラットホームとなるのです。

　購買使命の多くは、自分が実行することではありません。関係者に動いて（実行）もらうことです。購買は原価を動かす、人を動かす、世の中を動かす、どうやって？　シッカリ動機付けして納得して実行してもらうことです。できれば、喜んで協力してもらいたいものです。その仕組みと取組み方が重要です。まさに購買部門責任者の見識が問われます。

　購買部門は価格を決めるだけではなく、取引の継続性のためにものづくりの苦労を理解して、お互いの努力と利益を尊重する関係がパートナシップと考えます。価格を決めて金を支払えば一件落着かもしれませんが、次々と良い取引関係を続けるにはそれだけでは何かが足りません。企業永続の条件の利益・成長・ガバナンスを実践するには、信用ではなく信頼関係が必須と考えます。

2-6-3　技談の取組み　　　initiative

　交渉の理論、交渉タクテイクス（戦術・戦略）は有効であり否定するものではありません。しかし、その交渉に臨んで大幅な値引き受け入れた相手（サプライヤ）は次回以降の交渉をどのように取り組むのでしょうか？　相手を打ち負かしたといえるのでしょうか、必ずしもそうとは言えません。より協力的に、より良い提案を準備するのでしょうか？交渉するたびに、高まる疲弊で信頼関係が増すのでしょうか？

　交渉の蓄積が、信頼関係を増す交渉が"技談"です。パートナシップの原点を理解して技談（技術をベースに目標達成の知恵を出し合う交渉）で共益協創の成果、技談の積み重ねで高まる信頼関係です。全ての調達対象にとって一様に技談が良いとは限りませんが、競合の梃と技談は有効な取組みとなります。「粘り強い交渉」で進めるか「技談」を選択して活用するかどうかは企業の自由意志です。

　「技談」については小著、「技談・開発購買の原点」を参照願います。

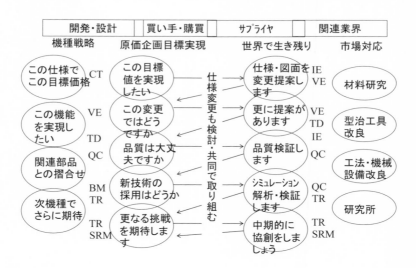

2-6-4　技談・交渉の取組み　評価　　　check and action

　何ごとも、よくできたと思ってもチェックすると、課題が見えてきます。評価結果を評価・分析して、今後の取組みの工夫を考えることが有効です。

　うまく行かない原因の洗い出しと併せて、その根っこに"お互いの信頼関係"が影響していることは否めません。なぜならば技談は、パートナシップという共益協創のコンセプトで、手の内を見せあって知恵の融合できるという信頼関係の上でこそ進められることだからです。ことさら、買い手側が技談に臨む動機と矜恃が必須でしょう。

　より安く買うことは購買の使命ですが、その案件のみで一件落着とはならない中長期的な取引では、交渉の理論だけでは解決しません。サプライヤもステークホルダー（利害関係者）だからです。しかし全てのサプライヤと良い関係を維持することは困難でしょう。なぜならば、サプライヤの能力と取組みには差があるからです。重点サプライヤとは、お互いに学び成長する技談の取組みが必須となります。

技談・交渉の取組み　評価例

2-6-5　サプライヤが喜んで協力するか　　cooperate

　人を動かす、巻込んででではなく、喜んで協力してもらうにはどうすれば良いか。利用され、巻込まれた人は本音で喜ぶことは少ないでしょう。しかし、真に Win-Win partnership の取組みであれば、実情を強く認識して必ず積極的に協力してもらえるでしょう。

　この取組みの前提として、お互いの信頼関係が必須なのです。なかなかサプライヤの協力が得られない・・という話しを聞くことがあります。その場合には、買い手が "とにかく安く買いたい" の思いが強く、"共益協創" の考えがなく交渉に臨んでいることが考えられます。時に胸に手を当てて考えることも必要でしょう。

　「発注する」、「仕事を出す」、「取引先を決める人」という交渉カードはサプライヤにとっては受け止めますが、なんとか対応して受注したいビジネス心です。手の内を見せあってでも協力するとは、一線を画す対立の心でしょう。多少の妥協はあっても、IEやVE提案はでにくいでしょう。お互いの知恵の融合はあまり起りません。それを解決するのは、共益協創の心です。そんな甘い話しでは？で済むのでしょうか。

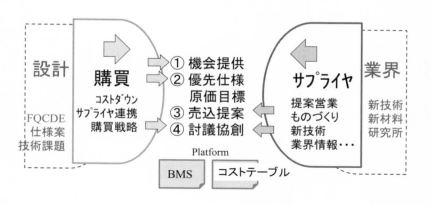

2-6-6　サプライヤとの連携力　評価　　　check and action

　購買部門の使命の実行役はサプライヤです。つまり、サプライヤとの連携力と購買部門の成果は正比例します。サプライヤがなかなか協力してくれないという嘆きは、成果が上がらないことにつながります。

　サプライヤとの連携力について、買い手側（購買部門考えと取組み）の実態を把握することも大切です。何と何をチェックしたら良いのでしょうか？　正解は一つではありません、評価表の事例などを参考にして検討してみましょう。業種や業態によって違いはあると思いますが、買い手側の購買方針や購買戦略に大きく依存します。

　購買が指定された図面で、とにかく安く買う努力は、もちろん必要ですが、サプライヤの対応にも問題がある場合があります。指示された図面で安く作るのには限界があります。特許や特殊な設備でしか製造できない部材は別として、海外などで安く作れるからです。単にコストで勝負は、下請法の保護のもとでしか成り立たない例が少なくありません。ものを売るから、知恵を売るへ変わる必要があります。買う側も、ものを買うから知恵を買うへ変わる必要があります。

サプライヤとの連携　評価例

2-7　設計との良い連携　　　　cooperate

　業種・業態によって異なりますが、設計図面案の段階で購買に相談することがあります。図面案でのコスト査定と原価目標にするにはどんなVE案があるかの相談です。これに応えられれば購買への相談が増えるでしょう。応えられなければ、相談はなくなるでしょう。

　購買自身が多くのVE提案をできることはまれです。相当の経験豊富な購買ベテランならいざ知らず、多くの人は困難です。その準備として、日頃からサプライヤと対話して多くの情報を教えてもらうことが大切です。でもなかなか、教えてもらうことは気が進みません。しかし、コストテーブルの諸元・数値などについて好奇心と共益協創の心構えがあれば、多くの専門的業界情報を好意的に教えてもらえるでしょう。

　もちろん、Web.での知識や情報収集も有効ですが、清濁混沌で、全てが正しいとは限りません。サプライヤがこれまた正しいとも限りません。しかし、現場に近くないと得られない（情報粘着性の高い）情報を教えてもらえる場合が少なくありません。この情報こそが設計が期待している情報なのです。

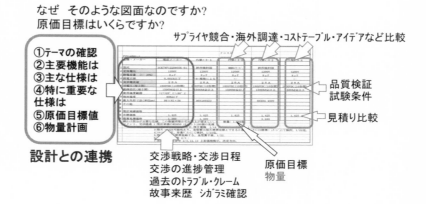

2-7-1　設計との連携力　評価　　check and action

　設計を巻込んで VE 提案などの評価を依頼しても、すぐに対応されないことが少なくありません。日頃から、設計部門との連携について心すべきことを整理して取り組む必要があります。

　お互いが身内（同じ企業で働く仲間）なのに、以外とうまく行かないこともあります。その会社の企業文化は多様なので一様には語れません。時に、購買所轄役員の声 " 設計を巻込んで早く進めろ " の叱咤激励は、悪くはありませんが、" 巻込みかた " に問題があるのでしょうか？巻込まれてうれしい人は少ないでしょう。設計が喜んで協力する進め方があれば、考える意味があります。

　当たり前ですが、設計も開発案件など暇な人はいません。いきなり VE 提案受けても、すぐに検証できるとは限りません。良い提案であっても、関係する部材と摺り合わせ、品質検証のスケジュール調整などで即答とはいきません。日頃から設計部門との情報交換など " 設計を支援する " を通じての利益を創造する矜恃が必要と思われます。

設計との連携　評価例

2-8　コストテーブルの活用　評価　check and action

　どんな仕事も、どんなに努力して、うまくいったとしても、やりっぱなしは良くないです。自律のために管理（PDCA）の C:check が必要です。自己評価だけでなく客観評価も有効です。

　コストテーブルの数値を振りかざしても、コストダウンが進む訳ではありません。コストダウンの各種アイデアを査定評価する "ものさし" です。アイデアの相互誘発と迅速な意志決定を支援する知の道具です。たかがコストテーブル、されどコストテーブル、うまく活用すれば設計との連携やサプライヤが喜んで協力してくれる架け橋となります。

　コストテーブルのデータの裏側には、その業界・特徴・技術・サプライヤ・コストなど多くの有益な情報があります。その動向・変化こそは "情報を利益に変える" 購買脳の活力です。そこに気がつけば、中長期の購買戦略も見えてきます。技談のシナリオも浮かびます。喜んで協力してもらうヒントもあるでしょう。以下は、評価表例のイメージです。詳細は巻末にありますので自社流にアレンジしてください。

コストテーブルの活用　評価例

2部

コストテーブルの作成

☆ 購買実績を根拠に　回帰分析型コストテーブル
☆ 技術の裏付けで　原価積算型コストテーブル
☆ 汎用ソフトで　簡便・迅速な意志決定

作って、組織（会社）で共有に意義がある
コンセプトの明確化で構造や表現の標準化
更新しやすい、進化の仕掛けもあると良い

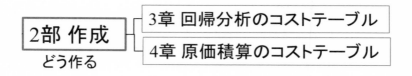

2部 作成
どう作る

3章 回帰分析のコストテーブル

4章 原価積算のコストテーブル

3 章

回帰分析のコストテーブル

☆　購買実績を根拠にものを言う、コストテーブル
☆　回帰分析、見える化グラフでお互い理解・納得
☆　特殊なアプリとせず、汎用 excel sheet で作る

3-1 回帰分析型コストテーブルの考え方　　regression analysis

　回帰とは、もとの位置または常態に戻ること、またはそれを繰り返すこと、とのことです。回帰の概念は統計学、物理学、数学や天文学など広く利用されています。回帰分析は求めたい要素の値に対し、他の要素がどの程度影響しているかの相関関係を分析する手法です。回帰分析で使われる基本的な数式は Y = aX + b による線形回帰です。コストテーブルで利用する際は、Y：目的変数は単価、aX：説明変数は係数（コストドライバの係数・傾き勾配）、＋ b：切片（数式グラフと Y 軸の交差位置）となります。

コストテーブルで活用する回帰とは、購入実績データの変数（単価とコストドライバ）の相関関係をもとに、全体の平均値に近づく現象（予測値回帰）の利用です。回帰分析では、複数の変数間の関係を方程式で表現して、2 つの変数間の因果関係を説明します。その結果は、ズバリ的中とは限らず、相関関係からはこの数値が予測（推測）できるということです。

　回帰分析利用の目的は、主に 3 つあります。
① 2 つの変数間の因果関係（コストドライバと単価）の説明・証明
② 因果関係から（あるコストドライバ数値に対する単価）の推測
③ 因果関係から（目標単価に対するコストドライバ数値）の制御

回帰分析型コストテーブルの数式
$$Y = aX + b$$

└─ コストドライバ数値による平均変化率
└─ 単価

3-1-1　回帰分析の進め方　　　　　procedure

1. 分析する対象を決める　　　　　　　　　（対象品目の絞り込み）
2. 目的変数を決める　　　　　　　　　　　　　　　（単価　Y）
3. 目的変数に影響を与える説明変数を決める　（コストドライバ　X）
4. 必要なデータを用意する　（購入実績単価とコストドライバの数値）
5. Excel で回帰式を作成する　　　　　　（近似曲線・数式　Y=aX+b）
6. 回帰式の妥当性を評価する　　　　　（X の値を入力して Y 値を得る）

　回帰分析は、X と Y の関係が直線的であると考えられる場合に有効です。直線が当てはまらないような場合には、この方法で推測値を求めても意味がありません。また、［Y の範囲］の個数と［X の範囲］の個数が同じ場合、単回帰です。［X の範囲］の個数が［Y の範囲］の個数の 2 倍以上の整数倍の場合、重回帰となります。見える化・簡便・迅速を優先して、本稿では重回帰の説明は割愛します。

　単価予測の場合、大きさと実績単価との関係を単回帰グラフ化し一次方程式を用意しておきます。これを"ものさし"として、任意のサイズ（コストドライバの数値）を関係式に代入して推測単価を求めます。これは当該企業の調達の購買実力として"この単価で買えた""この単価で買える"にあたります。

回帰分析型コストテーブルの概念

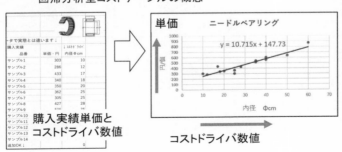

3-1-2　相関有意性の濃淡を知る

　購入実績とコストドライバとの関係は、必ずうまく行くとは限りません。Excel で散布図を作成した際に、図を見て"相関が良い""相関はあるにはあるが""相関がない"などとおよその判断ができます。良くない場合には、以下のことを見直す必要があります。

　相関はあるにはあるが：購入実績の単価の背景を調べてみましょう。選定したコストドライバのほかにも有意なコストドライバ（交絡バイアスの存在）がありそうです。例えば、特殊サイズ、追加部品、特性・規格違いなどの要因が考えられます。複数の変数をどのように組み込むか、取捨選択・合成が結果に影響します。

　相関がない：バイアス；Bias とは偏見やデータの偏りなどのことです。サンプリングのやり方などが偏っている場合に、得られた結果や予測値が正しくない事があります。都合の良いデータを得ようとして、意図的にサンプリングのやり方や対象を選定した場合にも起こります。

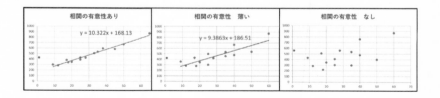

3-2　回帰分析型コストテーブルの作り方

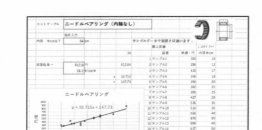

　過去の調達実績のデータを使って回帰分析型コストテーブルを作ります。とりもなおさず実績データはコストを考える際の良い根拠となります。それは、過去の価格交渉の努力の成果を正しい事実として認め、コストドライバとの関係を当てはめて"ものさし"を定め「これは、いくらであるべきか」を測定・推測・評価するコンセプトだからです。

回帰分析型コストテーブルの作り方を、9ステップで説明します。
1. コストテーブルのデザインを決める
2. コストテーブルの対象品を決める（分類）
3. 購入実績を把握・区分けする（細分化）
4. コストドライバを決める
5. 購入実績データとコストドライバ（変数）を取り込む
6. 回帰グラフと数式を作成する
7. 数式から値を取り込む
8. 入出力の計算式を設定する
9. 動作を確認します。（完成）

3-2-1　コストテーブルのデザインを決める

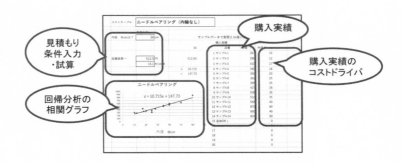

　回帰分析型コストテーブルのデザインについて、あらかじめそのソフト、構造やレイアウトなど基本的なことを共通化・標準化しておくことです。その目的は、企業のなかで共有化して活用の効率化・生産性（ミス予防や稼働率）を高めるためです。これを決めておかないと、対象品や作成者によってレイアウトが個々に最適化が行われてしまいます。入力や判断に手間がかかり、時に入力ミスや判断ミスを誘発してしまいます。マニアックなものの良さは否定せずに、極端に特殊なレイアウトの抑制になります。

下記は、お勧めの提案です。
1. 特殊なアプリで機能豊富も良いですが、どこでも・だれでも・いつでも　を考えると excel が有効でしょう。スマホでも扱えます。

2. 対象品 (群) ごとに Excel sheet 1 枚とする。類似品は同じ excel book の中に、隣の sheet に配置。

3. 3 つのエリア　（入・出力、回帰グラフ、実績データ）　とする。
　① 　入出力のエリア　　sheet の位置を標準化
　② 　実績データとコストドライバのエリア　データの並べ方や位置
　③ 　回帰分析相関グラフ　近似値曲線と数式の表示

4. イメージ写真やイラストなども　あると見やすいでしょう。

　画像があると直感的に目的のコストテーブルが認識しやすいです。ま
た、目的と違う場合には瞬時に判別ができミス防止に有効です。

5. 関係者（利用者）との事前調査（assessment）が有効です。

　通常使うのは、入・出力の部分だけかもしれません。

　画面スクロール無しで使えると便利です。

　次に、過去の実績データを確認したい場合は、少しスクロール

　管理者が、実績データを更新する場合は、スクロールして入力

6. PC 端末だけではなく、スマホでの利用も考えて、画面スクロールの
　回数を減らすレイアウトの工夫がお勧めです。

7. その他

　コストテーブルを類似品や別な対象に追加派生させ易い。

　例えば、プリンと配線基板の場合、FR-4 両面基板のテーブルが作成
されていれば、片面基板、4 層基板、6 層基板などのテーブルはそのま
ま sheet コピーして、購入実績値とコストドライバ数値を入れ替える
だけで完成します。

3-2-2 コストテーブルの対象品を決める（分類）

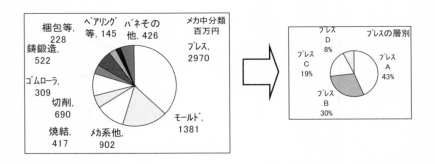

　調達品の中から、何を対象にコストテーブルを作るのか？　分類・層別します。簡単に言うと、何をどのくらい購入しているか、購入実績の把握です。これは購入部材群とその内訳にあたります。部材群別（ジャンル・カテゴリー）の購買戦略（何をどう買いたいのか）と同じ分類で良いと思います。その中から対象を選定してゆきます。

　当然のことですが、作成する対象品はその重要度に応じて優先度が高くなります。どのようなコストテーブルを中期的に整備すべきか、この実績データでの重要度や新製品開発に関係する部材から選定いたします。もちろん、できるものから作成するでも問題はありません。作らなければ始まりません。

　先行して代表的なコストテーブルを作成して、社内研修会などで勉強してもらって、その場で購買担当者にテーマを決めて作成している会社もあります。企業内でデザインの標準化ができていればテーマを決めるだけで、容易に派生させることができます。

3-2-3 購入実績を把握・区分けする（細分化）

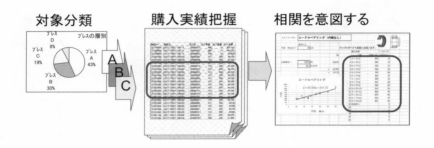

対象分類　　　購入実績把握　　　相関を意図する

　小分類から更に対象範囲を絞り込み購入実績を把握・区分けします。回帰分析を有効にするためにはデータの相関があるかどうか、が大切なカギとなります。もし、相関が得られないデータで分析してもコストテーブルとして機能しません。

　相関を得るために絞り込む条件（要点）は3つあります。
1. タイプ　　T：できるだけ細分化　　例：ボールベアリング、ニードル・・
2. グレード　G：品質特性等級など同じに　　例：標準・特殊・長寿命・・・
3. キャパシテイ　C：大きさ容量の範囲を　例：大型・小型・超小型

　ベアリングを例にすると、同じ軸径（φ）でも、ボールベアリングとニードルベアリングでは価格が大きく違います。購入実績を把握し、優先して区分けするのは「T・タイプ」です。これでコストテーブルを作成しても良いですが、品質特性や等級などの「G・グレード」を揃えたデータにすると、より良い相関で信頼性が高まります。更に大きさ・容量の範囲をある程度限定「C・キャパシテイ」すると信頼性がさらに増します。しかし、あまりT・G・Cにこだわりすぎずに試行がお勧めです。

3-2-4 コストドライバを決める

　一般的に市販されている購入部品の多くは、主要なコストドライバが品番、型番や呼び寸法として商品カタログなどに表現されています。それを選択すれば充分です。良く解らない場合は、設計やサプライヤに教えてもらえます。

　市販されていない構造物や機能部品などは、企業内での呼び方や容量のランク分け数字などで良いでしょう。必ず、定量的に数字で大小やレベルを表現することが必要です。

主要な　製品コストドライバの例
1. 大きさ　　　サイズ；呼び径、面積、　　　φ ,mm, cm, m, ㎡, ㎝
2. 重量　　　　重量、　　　　　　　　　　gr, kg, ton,
3. 容量　　　　容積、電力容量　　　　　　L, ㎝, bl, W, Kw, OZ
4. その他　　　型枠番手、金型サイズ、層数、精密度合い、1, 2, 3, 6

　実績データをあまり厳密に細分化し対象選択すると、作成に行き詰まることがあります。まずは作成してみることが肝要です。ものさし作りですが、杓子条規よりも試行錯誤で経験を積むこともコスト感覚向上に有益です。どのようなコストドライバが価格に影響しているのか、学ぶことが少なくありません。

コストドライバの設定（取捨選択）

　コストドライバの扱いはその企業のコストマネジメント管理制度や文化によって大きく異なります。購買部門では新規部材の発注・値決めに際して、単価マスタを新規発行します。この登録項目の中に、コストドライバが数項目あります。もし無い場合は、別途資料を作成しておきましょう。

　近年、E-BOM(設計データ)とP-BOM(購買データ)のリンクされている企業が少なくありません。この場合は容易にコストドライバを選択してコストテーブルに取り込めます。

　コストドライバは1つ選んでコストテーブルに取り込みますが、利用者の使い勝手を良くするための検討があります。
1. 単純に主要コストドライバを1つ選定する。　（取捨選択）
2. 主なコストドライバを2〜6程度選んで、それを合成して回帰分析する工夫。(諸元を入力して使う)
3. 多くのコストドライバを活用すべく、積算型コストテーブルを利用する。(回帰分析は止める)
4. 　1つに決めかねる場合は、2つのコストテーブルを作成して、その有意性を比較してみましょう。例として、容積、面積、重量・・
　　複数のコストドライバを合成して、新しい指標を考え出すことも有効です。

3-2-5　購入実績データとコストドライバを取り込む

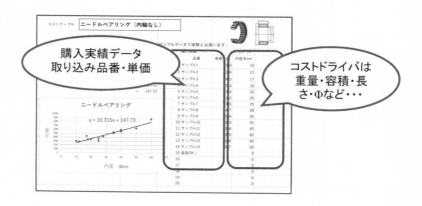

　購入実績データとそれに対応したコストドライバを入力します。入力の順序は問いません。但し、データの途中に空白がない方が良いです。データ数は 20 程度で充分ですが、上限で 50 くらいが良いと思います。意図的に、価格交渉で大いにがんばった実績や比較的購入量の多い品番などは必ずデータ取込の対象とします。

1. 購入実績は注文書の品番と単価です。

　調達実績データや検収明細、発注明細などによります。

2. コストドライバは、注文書の品番と単価に対応したデータです。

　もし、コストドライバがデータ保持されていない場合は、それぞれの値を調べなければなりません。その企業のコストマネジメントの取り組みにもよりますが、一般的には購買部門の P-BOM、単価マスタ（品名・図面番号・単価・発注先・機能分類コード・金型などの BOM 諸元）に記載しておきます。

　DB 登録がない企業では、調べて入力します。

3-2-6 回帰グラフと数式を作成する

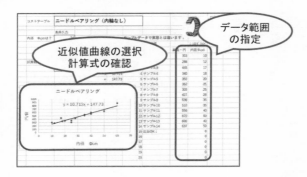

　グラフの作成は、excel 操作です。詳細は xlsx. に依存します。

1. データ範囲の指定　　単価とコストドライバの 2 列を指定します。
　　データ数が少ない場合でも 20 行程度範囲指定しておくと便利
2. 挿入　クリック
3. グラフ選択　　その他の散布図　クリック
4. グラフ生成　確認
5. □＋　クリック
6. ☑マーク　近似曲線
7. その他オプション　☑マーク　数式文字の大きさ拡大
　　Y 軸が単価になっているか確認
8. 必要により　X 軸と Y 軸変更する（Y 軸が単価に）

X 軸と Y 軸の変更

1. グラフを　クリック　　データ範囲がアクテイブになる
2. ツールバーの　データ選択をクリック
3. 凡例項目の編集を　クリック
4. X 軸のデータ範囲を選択して　↓クリック　（コストドライバ）
5. Y 軸のデータ範囲を選択して　↓クリック　（単価）
6. データソースの選択　右下の　OK　クリック

3-2-7　数式から値を取り込む

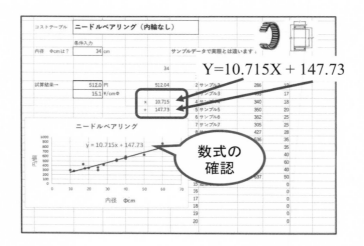

回帰分析の結果得られたグラフと計算式を確認しましょう。
上記のベアリングの例では、Y=10.715X + 147.73　となっています
（数値は仮のもの説明用です）。

　この数式のままでも充分機能しますが、入力や更新をやり易くするため　Xの値、　＋の値を　sheetの指定場所に入力します。
　この場合は、単回帰分析の例です。重回帰の場合は、数値の数は多くなります。本書では割愛いたします。

　当然のことですが、取り込まれた実績データとコストドライバの数値が変更になれば、回帰分析の数式の値は変化します。実績データ追加変更の場合は、その都度数式を確認して値を変更する必要があります。

3-2-8　入出力の計算式を設定する

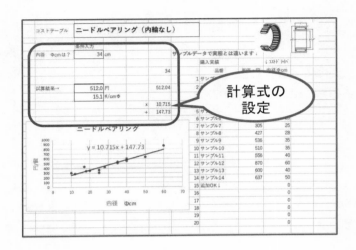

　入力の位置と座標を確認します。

上記の例だと　X は　10.715　＋ は 147.73 です。

　出力（計算結果）の位置と座標を確認します。

上記の例だと　計算結果は　C9　　（¥／個）です。

F9 に計算式　＝(F7*F11)+F12　を書き込みます。

C9 に　F9 の値を書き込み　表示の桁数を設定します。

C9 に直接計算式を入れても問題ありませんが、利用者が不用意に数式を消してしまうミス予防のためです。

　購入実績データを追加・変更した際に、excel では自動で変更になります。

3-2-9　動作を確認します。　（完成）

　計算の条件（コストドライバ）を入力して、動作を確認しましょう。動作確認のやり方を以下のように標準化しておくと良いでしょう。

1. 実績データの中から3件選んで計算して、計算結果を実績と比較する。
   同じ数値とは限りません。実績値（¥）が高ければ，計算値は安くなります。実績値（¥）が安ければ、計算値は高くなります。
   なぜ安いのでしょうか？　なぜ高いのでしょうか？

2. サプライヤから取得した見積書の中から3件選んで、計算します。
   コストテーブルの計算値と比較して、安いか高いか？
   既存のサプライヤの見積りはどうか？　新規売り込み先の見積り値はどうか？

3. 新製品の図面案の中から3件選んで、計算しましょう。
   目標原価と比較してどうか？　原価企画の目標値はどうか？

4. 1～3の結果がそれなりに良いとなれば、関係者・責任者と合議して決定します。問題があれば、以下について見直します。
   ①実績データに異常値はないか？
   　特別事情や特殊仕様があれば、数値を見直してデータ補正する。
   ②X軸とY軸が逆転していないか？

3-3　例1　コストドライバ1つ　軸受け

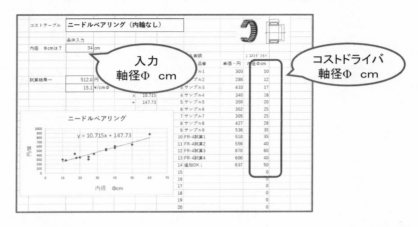

　ニードルベアリングのコストドライバは内径（軸径Φ）とします。径サイズと単価との関係で分析します。ベアリングはコストドライバが必ず1つということではありません。あくまで例題の場合、1つに設定して作成しました、コストテーブル・ベアリング（軸受）分類・細分化の一例です。以下のような分類まで細分化することがお勧めです。

ボールベアリング（玉軸受）　ラジアル（ラジアル荷重）、

　　　　　　　　　　　　　　アキシャル（スラスト荷重）

　　　　　　　　　　　　軸受けユニット（ピローユニット）

滑り軸受け　　樹脂系、複層系、金属系、球面滑り軸受け

ニードルローラベアリング（針状ころ軸受け）、

コストドライバ単位当りの単価（数値は参考です）

ニードルベアリング（内輪無し）の例

内径Φ , 34cm,　で¥512. なら　@¥15.1/cm Φ　です。

3-4　例 2　コストドライバ 2 つ　　プリント配線基板

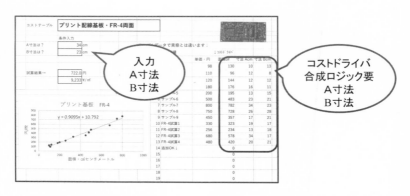

　　プリント配線基板（FR-4・両面スルーホール）のコストドライバは
基板のサイズ面積（A 寸法 × B 寸法）とします。基板面積と単価との
関係で分析します。プリント配線基板（PCB）分類・細分化の一例（網
羅でない）です。以下のような分類まで細分化することがお勧めです。

材質の種類・規格　プリント配線板用銅張積層板
紙基材フェノール樹脂 (PP)、紙基材エポキシ樹脂
ガラス布基材エポキシ樹脂（FR4）、
ガラス布・ガラス不織布複合基材エポキシ樹脂（コンポジット）
ガラス布基材ポリイミド樹脂、ポリイミド樹脂（フレキ）

層数　　片面、両面、4 層〜1 2 層・・・
パターンの微細度（密度）　2 本 /pin、4 本 /pin、　6 本 /pin、・・・

コストドライバ単位当りの単価（数値は参考です）
プリント配線基板（FR-4, 両面 ,2/pin）の例
A 寸法 , 25cm, B 寸法 ,20cm で￥465.5 なら　@￥9,311/㎡　です。

3-5　例3　コストドライバ複数合成　　電源モジュール

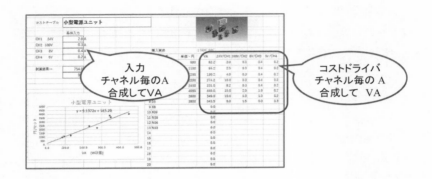

　電源モジュールのコストドライバは出力容量(1～4チャネル毎のV・A)) とします。出力合計の容量（VA）と単価との関係で分析します。電源モジュール (電源ユニット) 分類・細分化の一例（網羅でなない）です。以下のような分類まで細分化することがお勧めです。

一次入力　　　100V, 200V
電源容量（総出力　W VA）　1CH, 2CH, 3CH, 4CH
制御方式
ケースカバー　あり
特殊部品
コネクタ
保持時間（sec）

コストドライバ単位当りの単価（数値は参考です）
電源モジュールの例　￥3,500/100W なら　@￥35/W
　　　　　　　　　　￥2,000/50W なら　@￥40/W です。

3-6　回帰分析型コストテーブルの課題　　issue

　どんな科学的根拠にも確かさの濃淡があります。データに依存する問題や回帰分析そのものの捉え方の問題もあります。何らかの理由で、回帰分析がうまく機能しない場合は積算型も検討しましょう。

　重回帰分析は使えないのか。$y=a+b_1x_1+b_2x_2+b_3x_3$……のような回帰式となります。重回帰分析では一つの目的変数と複数のコストドライバの関係を分析できます。重回帰分析の回帰式グラフは 3 次元になるため、単回帰分析のように直線グラフ図形での視覚的理解が困難です。3 次元のグラフ化も可能ですが、見える化の直感効果はなんとも難しいのが実態です。しかし、excel では容易に扱うことも可能ですので、別途お試し願います。

　同じ対象品を回帰分析型と原価積算型の両方で作成して、活用することも有益です。なぜならば、両方のコスト情報を得ることによってコストダウンを考える購買脳がより活性化・高度化するからです。購買は、与えられた図面・仕様の範囲でのコストダウンだけでは使命を達成できないからです。更に、設計と連携して中長期的な購買戦略を企画する情報も学べると思われます。

3-6-1　回帰分析は完璧ではない

　回帰という考え方の範囲で有効なのです。メーカーの原価と売値は正比例の関係とは限りません。市場価格は、売れ筋と少量生産品とではコストドライバに正比例では無い場合もあります。

　下のグラフの上から順に、市販購入品の購入実績による回帰分析　価格予測例です。サイズ別の購入量です。そして、生産量のグラフです。これらの実態から考察して、サイズ 8 φ は圧倒的に生産量が多く、業界では " ゴールデン品番 " などと呼ばれております。

　世界のデマンドはいくら（何億円）なのか、生産量はいくら（何億個）なのか、主な生産国はどこか、どんな商品にどのくらい組み込まれているのかなどと、業界を語れる情報がサプライヤに聞けば入手できます。対象品の世界市場についても、知る機会でもあります。コストテーブルの裏側にある業界事情を知るトリガーとなり得ます。

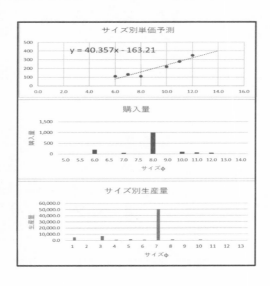

3-6-2　実際のコストはリニアではない

　サイズが変化した場合のコストは、無段階で線形（リニア）とは限りません。サイズに対応した設備機械能力や金型などの大きさが段階的に変化する場合が少なくありません。

　設備の大きさはリニアな変化ではない、階段的に変化する
工数もある大きさから変化量が変わる、一つの線形では対応しきれない変化もあります。場合によっては設備の大きさばかりではなく、加工方式も変わる場合が少なくありません。例えば、パンチング・プレス切断からレーザ溶断へ変わる、冷間鍛造から熱間鍛造へ変わることもあります。

　このように一様でない実態を知る良い機会を得られると理解できれば、コストテーブルの課題を超えて購買脳の教育効果でもあります。コストテーブルの利用は課題解決の好奇心で、単にものさしを超えて多くの学びがあります。そこに設計やサプライヤとの対話と連携による知恵の融合への触媒としても有効です。

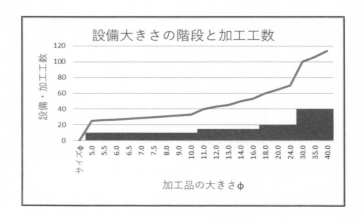

3-6-3　データが少ない場合の信頼性

　回帰分析の予測値の信頼性はデータ数の多寡に影響されます。しかし、データが多くても信頼性が低い場合もあります。その多くは、コストドライバの選定やその構成と合成に問題があります。

　コストドライバの選定は、一般的には大きさや重さです。しかし、複雑さや精密さなどが大きく影響する場合があります。また、設備・機械の能力を超えた数値での回帰予測は理論値でしかなく、ものづくりの実態を踏まえた数値とは限りません。価格交渉の巧拙もあります。

　購入実績データが極端に少ない場合は、意図的に仮想データを補完的に入力試行することもお勧めです。この際はあくまで特例で、試行データを明示しておいて、一定期間後に修正すべきです。そして、できるだけ多くの競合相見積りを実施して、その値を試行データとして入力してみましょう。対象の絞り込み過ぎの懸念もあります。

　コストテーブル作成の対象品目選定に話しは戻ります。調達品群の購買戦略として、過去の購買実績とこれからの購入予想量・金額を参考に作成対象品の再度選定をお勧めします。調達品群の過去の購入実績の特徴（spend analysis）で、代表品番や大量に購入した品番は必ず対象とします。

3-6-4　過去の実績値よりも安く買いたい

　とても当然で良い事です。目標価格として考える際は、対象品にもよりますが回帰予測の計算値よりも 10 ～ 20％くらい低い値が良いでしょう。回帰式のグラフを見て考えることが 3 つあります。

　1 つめは、全体に価格水準を下げられないか、です。グラフの線よりも低い値での実績もあるはずです。その価格交渉の裏側にある、ロット数、業界の量産品、競合品目や売り込みの様子なども調べてみると良いでしょう。安くなった要因があるのかもしれません。

　2 つめは、グラフの傾斜（勾配）を変えられないか、です。サイズが大きくなるにつれて、傾斜の程度がどのように原価との関係にあるのかです。おそらく原価変化量はサイズの変化量よりも安いのかもしれません？

　3 つめは、グラフ線より上の実績値を線上に戻せないか、です。おそらく高く決定した要因（特殊性）があると思われます。調査分析が必要です。仕様の見直しもありますが、単に高いことも想像されます。

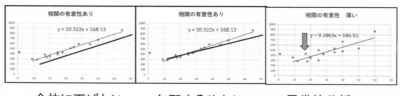

全体に下げたい　　　勾配ゆるやかに　　　異常値分析

3-7 回帰分析型コストテーブルの評価

　よくがんばっていると思っても、評価表でチェックすると良いでしょう。いきなり良くできなくても、無ければ始まりません。次第に改良し充実することをお勧めいたします。

　回帰分析は単純明瞭です。価格交渉で努力した成果・実績を根拠にしているデータであることが重要です。この根拠をもとにしてさらなる努力が複利循環して成果が生まれる仕組みが回帰型コストテーブルです。一般的な対象は購入品ですが、図面・仕様書による外注委託加工品への拡大も有効です。特に、機構部品のサブアッセンブリー、モジュール、制御ユニットなどが好対象だと思われます。

　業種によって異なりますが、回帰型コストテーブルのデータを参考にして、部品の標準化・共通化を考える仕組みのある会社が増加しています。品種数の削減は、サプライヤ競合の拍車と更なるコストダウンに向かいます。

回帰分析型コストテーブルの評価例

回帰分析型コストテーブル 評価表　2023/3/11　V1.0

評価項目	5段階評価の判断基準					項目評価	合計	特性	配点
	5	4	3	2	1				
1 デザイン	コストの目利き	データでモノを言う	データがものをいう					9	3	20
a 標準化・共通化率	標準化充実	おおよそ標準化	一応できている	少し	なし		4		
b 対象品のカバー率	80%以上	60%以上	40%以上	10%以上	数点		3		
c 対象細分化とジャンル羅列	羅列完遂	かなりできた	ジャンル区分あり	少し	なし		2		
2 入力	技術・仕様や業界を語れる	購買エンジニアでしょうか						10	3	20
a コストドライバ明快	購買理解	よく理解	理解している	よくわからない	興味ない		4		
b 入力のしやすさ	〃	〃	〃	〃	〃		3		
c 特殊品対応	〃	〃	〃	〃	無理		3		
3 実績データ	原価見積り力は	コスト分析・機械能力の判断から						10	3	15
a データエリア n数	充分	多い	良い	ある	少ない		4		
b 実績データ数	n=30 以上	n=20 以上	n=10 以上	機能している	できない		3		
c 購入実績の自動更新	実施要望充実	部分的に実施	試行中	検討中	できない		3		
4 回帰式	ものづくり工程・品型語れて	ほ々カイゼン会し						10	3	15
a 有意性	有意性充分	良く知っている	有意性あり	有意性高い	少し問題		4		
b 異常値	〃	知っている	〃	〃	〃		3		
c 見やすい	〃	〃	〃	〃	〃		3		
5 派生拡充	コストダウンの協力は	VEマインド・アイデアから						9	3	14
a 派生しやすい	簡便	かなりしやすい	しやすい	できる	難しい		3		
b 派生数 n数	n=10 以上	n=8 以上	n=5 以上	n=2 以上	なし		3		
c 原価積算型への展開	〃	〃	〃	〃	無理		3		
6 出力	サプライヤ連携が	購買力を左右する						9	3	8
a 明確性	充分良い	かなり良い	まあまあ良い	まあまあ	不明		3		
b 信頼性	充分ある	かなり良い	良い	まあまあ	薄い		3		
c 標準化の検討	充分できる	しやすい	しやすいものも				3		
7 更新	設計への提案が	購買の存在価値が高まる						9	3	8
a 実績データ入力・更新・校正	更新充実	定期更新	やっている	検討中	やってない		3		
b P-BOMとリンク	〃	〃	〃	〃	〃		3		
c 実績データのサマリー・ドリルダウン	〃	〃	〃	〃	〃		3		
31項目　Copyright Kimiyoshi Yagi　Procurement Innovation Research						配点補正前集計合計＝　54.9		合計点　57 ÷ 100	

4章

原価積算のコストテーブル

☆　技術の裏付け・原価の積上げ、コストテーブル

☆　管理費、利益、サプライヤも喜んで連携協創

☆　特殊なアプリとせず、汎用 excel sheet で作る

4-1 原価積算型コストテーブルの作り方

積算型コストテーブルのイメージ例

ものづくりにかかる原価を積上げて計算された値には、説得力があります。原価の要素ごとに、なぜその値なのか説明できます。必要により、製造現場での検証が可能です。

特に加工工数や段取り替え時間など、関係者が現場立ち会いでコストテーブルの値で機械を動かして確認することができます。このような現場立ち会いでの議論ができる信頼関係が醸成された取引関係かどうかが問われます。賃率（¥/h）についてはサプライヤ（売り手）と買い手の意見が分かれる必然も無視できませんが、お互いを理解し交流が深まります。

原価積上げのコストテーブルは、原価の詳細さによって入力の煩雑さが正比例します。つまり、より詳細な見積りを必要とすれば、それに対応する変数（コストドライバ）の入力項目が増加します。現場改善などの工数に重点を置いたコストテーブルでは、かなり詳細な原価積上げが有効です。しかし、主に購買部門が利用する場合は入力項目を少なくし精度を高める工夫が必要です。価格交渉やVE検討を考える時、入力項目数は5〜10以下が望ましいと考えます。

積算型コストテーブル作成の一丁目一番地

①　それは何か？　です。これが理解できないと始まりません。プラスチック成形品か、鋳物か、板金加工か、鍛造品か、磁器か・・・

②　その材質は？　材料の種類、特性・・・

③　構造は、形状は？　と続きます。購買担当者は、このくらいは知っている場合が多いと思います。これからが難関です。

④　加工方法・その作り方は？　どのような設備・機械で加工するのか？おおよその事は知識があります。しかし、

⑤　どの程度の大きさの設備・機械で加工するのか？　機械能力

　　これが判断できないと工数や賃率に行き着きませんし、どんぶり勘定です。おおかたの購買担当者は、ここで壁に突き当たります。

　この壁を越える工夫が、コストテーブルの良し悪しを決定づけます。コストテーブルの仕掛けは、コストドライバと設備・機械の大きさなどの関連付けにあります。見積り対象品と機械の大きさとの判断基準をテーブルに埋め込んでガイドする事が肝要です。これらをどのようにすれば良いか、コストドライバ確認から完成までやさしく説明します。

　原価積算型コストテーブルの作り方を16のステップで説明します。比較的単純なプラスチック成形品の例で解説します。これを理解できれば、どのような対象品も応用して作成可能です。他の具体例は4-2以降にコストドライバをコストテーブルに取り込む方法を説明します。

4-1-1　コストテーブルの原価計算手順を決める

コストテーブルの入出力とデータ　イメージ

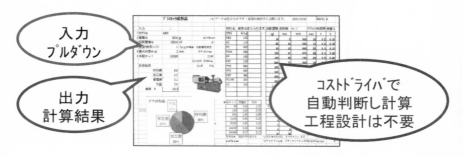

　原価積算型コストテーブルの原価の項目と手順（入力、計算、出力）を決めます。これによって、見積もりの標準化・共有化ができます。(cost calculate algorithm)

　下記は、お勧めの提案・例示です。

1. 材料費、加工費、管理費、利益を計算し、合計を単価とする。

2. 材料費は　単位当り単価と使用量で計算する。

3. 加工費は　機械の能力と種類や加工時間で計算する。

　　特徴や数値（加工補正係数）で加工時間を調整する。

　　機械能力・加工時間など自動判断できるデータを用意する。

　　段取り替え（金型・工具交換や材料の切り替え）時間を数値設定しておき、入力（コストドライバ）で自動判断する。

4. 管理費は　ロットの大きさ毎に係数を決めて計算する。

　　材料は、仮に 1,000 個の注文でも 1,000 個＋αの材料を準備するので、材料管理費がかかります。加工は、製造手配や検査、納品手続きなどの加工管理費がかかります。その他環境管理費なども必要です。

5. 利益は　ロットの大きさ毎に係数を決めて計算する。

　　利益こみ込みの賃率設定も考えられますが、別の項目にした方が明快です。

4-1-2　コストテーブルのデザインを決める

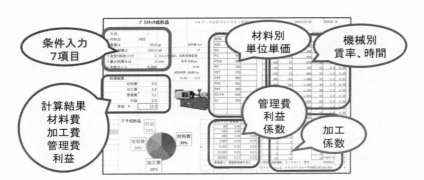

　原価積算型のコストテーブルについて、あらかじめそのソフト、構造・レイアウトなど基本的なことを共通化・標準化しておくことをお勧めいたします。その目的は、企業のなかで共有化して活用の効率化（time performance）・生産性を高めるためです。これらを決めておかないと、コストテーブルの対象品や作成者によってレイアウトなど個々に最適化が行われてしまいます。入力や判断に手間がかかり、時に入力ミスや判断ミスを誘発してしまいます。

　下記は、お勧めの提案です。
1.　対象品ごとに Excel sheet 1 枚とする。類似品は隣の sheet に。
　　特殊なアプリで機能豊富も良いですが、どこでも・だれでも・いつでも　を考えると excel が有効でしょう。スマホでも扱えます。
2.　3つのエリア　入力、出力、実績データ、コスト構成グラフ　とする。
　　①　条件入力のエリア　　　sheet の位置と入力数を標準化　7 項目
　　②　計算結果のエリア　　　sheet の位置と項目を標準化　　 5 項目
　　③　データのエリア　4 分類
　　　　材料別単価、機械別賃率・時間、加工係数、管理費・利益
　　④　コスト構成円グラフ　イメージ画像やイラストも検討

4-1-3　コストテーブルの対象品を決める

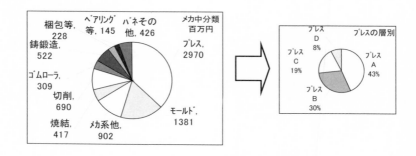

　調達品の中から、何を対象にコストテーブルを作るのか？　分類・層別します。簡単に言うと、何をどのくらい購入しているか、購入実績の把握です。これは購入部材群とその内訳にあたります。部材群別（ジャンル・カテゴリー）の購買戦略（何をどう買いたいのか）と同じ分類で良いと思います。その中から対象を選定してゆきます。

　当然のことですが、作成する対象品はその重要度に応じて優先度が高くなります。どのようなコストテーブルを中期的に整備すべきか、この実績データでの重要度や新製品開発に関係する部材から選定いたします。もちろん、できるものから作成するでも問題はありません。作らなければ始まりません。

　日本資材管理協会から提供されているコストテーブルを調達して、自社用に数値を調整して利用することもお勧めです。対象品によっては、実績データを活用した回帰分析型コストテーブルと同じ対象のものを作成して計算結果を比較することも有効です。

4-1-4　入出力デザイン案を考える

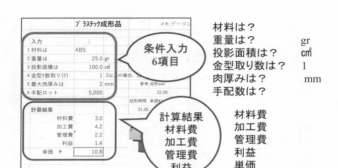

　原価積算型コストテーブル作成の最大の関門です！全くの購買初心者
では「どうすれば良いのか？」　途方に暮れます。そのような場合には、
先輩に聞くか、サプライヤに聞くか、設備機械メーカに聞くか、それぞ
れ有効です。作成するには、ものづくりの知識が必要です。

　入出力デザインを考えます。どんな入力条件（コストドライバ）にし
たら良いか？　簡便性を考え、一般的に 6 ～ 7 項目が使いやすいでしょ
う。実際のコストドライバは 10 項目以上あるでしょう。入力項目が多
ければ、コスト積算の制度は高まりますが、簡便性が失われます。必要
充分なコストドライバの選定が必要です。

　材料費については、材質名を入力するのは手間がかかります。そして
入力ミスを誘発してしまいます。材料名と単価を表にしておいて、プル
ダウン選択での入力がお勧めです。重量（ｇｒ）を入力すれば、材料費
の計算ができます。

　加工費の条件入力項目と計算式は、積算型コストテーブルの対象品目
ごとに異なります。計算結果の表現は同じに標準化できます。

4-1-5　機械能力を選定するコストドライバを決める

プラ成形品の例

cost driver

成形機械の大きさを決める　投影面積！

投影面積で　金型の大きさが決まる
金型の大きさで機械の大きさ（能力）が決まる

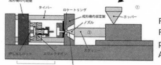

Projection area

F=p×A/1000　（型締力・機械の大きさ）
F: 必要型締力(tf・トンフォース)
p: キャビティ内圧力(kgf/cm2)
A: 投影面積の合計(cm2・)

　加工（製造）する機械設備の能力（大きさ）を決定するコストドライバを考えて設定します。例えば、プラスチック成形品の場合は、プラ成形品の「投影面積（cm²）」の大きさで金型の大きさが決まり、そして型締力（Ton）が左右され決まります。そのほかに、成形品の容積（射出量）や金型構造（スライドや型開き寸法など）によっても左右されます。

　加工機械の大きさが決まると、賃率（¥/h）、段取時間や工数などもおおかた決まります。加工機械メーカや加工業者の経験豊富な技術者は容易に決定できます。知識の少ないコストテーブル利用者は機械の大きさは戸惑い入力できません。機械の大きさを決めるコストドライバの設定が、使いやすいコストテーブルの肝です。

　サプライヤや機械メーカの知恵を結集して設定しておけば、機械の大きさを入力する必要はなく自動判断して計算されます。企業の知財として共有されます。

コストドライバと機械を関連付ける

　コストドライバと機械能力を関連付けるデータテーブルを考えておきます。そこに工数や賃率などのデータの枠取りを考えます。

　入力項目をあまり多くなく設定するために、コストドライバの取捨選択が必要です。コストドライバを網羅（モレなくダブリなく）することではなく、コストへの影響の小さなものは捨てる選択です。あれもこれも・・・あった方が積算の精度が向上しますが、簡便・迅速とのバランス感覚が大切です。時には、試行錯誤も良いでしょう。

　コストドライバは複数存在します。加工材種によっては沢山あります。その中で、コストに影響する主要な変数はどれか？　ここが重要なポイントです。それらが作用しあってコストが積算されます。どれとどのコストドライバを、テーブルに組み込むかの組合せが、見積り精度の品質・信頼性を決定づけます。鋳物やプラスチック成型などのような対象は比較的簡潔に設定して、複雑さや精密さなどを、加工係数として組み込む事でも対応できます。

4-1-6　データ・テーブルを作る　材料別単価

　材料別の単位単価表を作成します。表は入力の際に、プルダウンで使用しますので、使用頻度の高い材質から表現すると良いでしょう。

　材料単価（¥/kg）は、材料を調達していないと明確にいくらと判断できません。しかし、新聞の市況や業界情報などを参考にして決めて下さい。信頼関係のサプライヤからの情報も必要です。

　材料別に、材料名、単価、必要により比重、係数もあると良いでしょう。材料単価を更新する際の利便性を考えて、表の構成や順序などを工夫すると良いでしょう。

　大量生産品では、細かいことにも気を使う感性が必要です。当然ですが 100 万個の製作では、1 円の差は 100 万円の差となります。また、鋳物やプラスチック成形などの材料を溶かして型に入れる工法では、リターン材やスクラップ材料の使用も可能です。但し、特性の品質確認が必要です。

4-1-7　データ・テーブルを作る　機械別賃率、加工時間

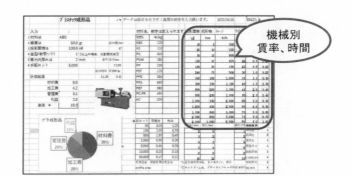

　機械の大きさ別に賃率、工数、段取り時間などの表を作成します。この表は入力の際に、プルダウンで使用します。

　機械の大きさ（能力は、何をどのように判断するか重要です。一般的な指標は業界情報や機械メーカに聴けば、教えてもらえます。
賃率は、機械時間対応の¥/h です。プラスチック成形の場合は自動運転で３台 / 人〜５台 / 人くらいでしょう。業界情報で判断しましょう。
設備償却費、人件費、維持費・保守点検校正費用などを含みます。

　加工時間（sec/shot）は、機械の大きさによって変化します。稼働サイクルタイム（型締・射出・保圧冷却・型開き・取り出し）です。
金型段取時間（h）は、大きさ、型構造・冷却配管などで変化します。
機械のウオームアップ、試打ちなどでも必要です。

　材料変え・色変え時間 (h) は、材料のパージ＋材料の投入の時間です。

4-1-8　データ・テーブルを作る　加工係数

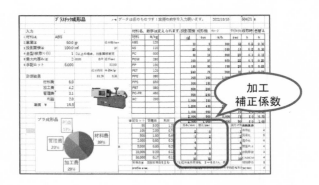

　特殊な形状や厚みの大きさなどによって、加工時間は左右されます。その時間補正のための係数を設定します。複数の表で補正する場合もあります。この表は入力の際に、プルダウンで使用します。

　コストに影響するコストドライバ（変数）の数値に対応した補正係数を使って、加工費を増減します。係数の値は初心者では決めかねますので、係数表はあらかじめ設定します。ベテランやサプライヤ、機械メーカの技術者などに教えてもらうことをお勧めします。

　必要により、複数の変数で加工費を増減します。場合によっては材料費を増減することもあります。増減の入力は、係数表をプルダウンで選択します。係数の値を直接入力する方式では、コストテーブル利用者は激減してしまうでしょう。具体的な数値入力できない人が少なくありません。

4-1-9　データ・テーブルを作る　管理費・利益係数

　ロットの大きさ別に、管理費係数と利益係数の表を作成します。この表は入力の際に、プルダウンで使用します。ロット（1度に加工する数）の大きさは、8 ～ 10 段階程度に設定します。

材料管理費、加工管理費、販売管理費、環境管理費、・・・

　利益はいくら必要でしょうか？　　正解がいくら、というものはありません。しかし、企業の永続、拡大再生産のためには技術や設備投資が必須です。それなりに利益がなければ企業は永続できません。

　賃率に管理費・利益をこみ込みで設定する慣習の業界もあるかもしれませんが、別に明確にする方が賢明と考えます。こみ込みの場合は"どんぶり勘定"です。

　ロット数量が多い方が、管理費用は相対的に少なくて済みます。

4-1-10　入力のエリアと入力ガイドを設定する

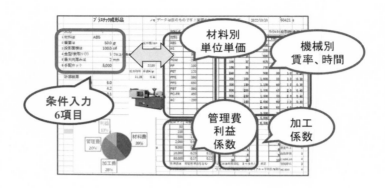

　入力項目を設定します。

必要充分な少ない入力項目が効果的です。入力項目が多い場合は、電卓に打ち込むイメージとなってしまいます。また、数値の入力も、あらかじめ想定した値や品番を用意しておき、入力ミスを極小化すべきです。

　材料費、加工機械選定など、加工係数、管理費・利益係数などはプルダウンを設定します。

プルダウン設定のやり方。詳細は Excel のバージョンに依存します。

1. プルダウンしたいセルを　□アクテブにする　（範囲指定）
2. ツールバーの「データ」→「データの入力規制」クリック
3. 「設定」をクリック
4. 入力値の種類から「リスト」を選択
5. ☑ドロップダウンリストから選択をチェックマークする
6. 元の値の右端の「↑」をクリック　プルダウンしたい範囲選択して、下矢印↓をクリックし確定
7. 「OK」をクリック

4-1-11　出力のエリアと原価計算のエリアを設定する

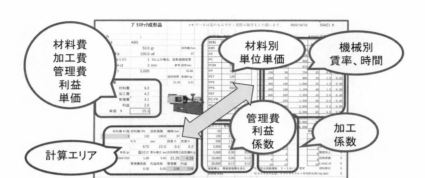

　出力(計算結果)のエリアを設定する。構造・レイアウトを標準化する。

材料費を計算する。

原価計算のエリアを設定する。できるだけ構造・レイアウトを標準化する。

まずは、必要な数値をデータ表から取り込む　(やり方)

1. 値がほしいセルを□　アクテブにする

2. 関数を入力する　ex; =VLOOKUP(C4,$H$5:$I$17,2,FALSE)
   =VLOOKUP(参照するセル,表の範囲選択　$ $:$ $,列番号,FALSE)

3. セルがアクテブの状態でプルダウンと検索データすべての範囲に広
   げて選択する　(対象の表全体を範囲指定する)

4. 完了し、プルダウンと連動するかを入力を変化させて確認する

4-1-12　材料費の計算を設定する

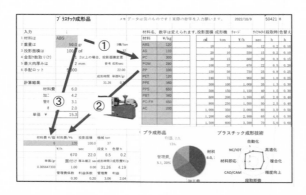

　まずは、材料費を計算するための材料の単価（¥/kg）を取り込む
=VLOOKUP(参照するセル , 表の範囲選択　$ $:$ $, 列番号 ,FALSE)

② C21=VLOOKUP(C4,$H$5:$I$17,2,FALSE)

材料費を計算する。
材料費③ =C5*C21/1000

　ものづくり現場では、図面による使用量に対して材料歩留りや端材な
どを考慮する必要がありますが、管理費の中で考慮することとします。
材料歩留りが悪い場合は、デザインの変更提案などが有効です。

4-1-13　加工費の計算を設定する

　まずは、加工費を計算するための関数を取り込む

コストドライバの投影面積で機械の大きさを判断する

② E21=VLOOKUP(C6,$L$5:$M$19,2,FALSE)

　機械の大きさ(能力)に対応した　賃率¥/h , 成形時間 sec, 段取時間 h,

材料・色変え時間 h, を取込む

③ C23 =VLOOKUP(C6,$L$5:$N$19,3,FALSE)

④ D23 =VLOOKUP(C6,$L$5:$O$19,4,FALSE)

⑤ E23 =VLOOKUP(C6,$L$5:$P$19,5,FALSE)

⑥ F23 =VLOOKUP(C6,$L$5:$Q$19,6,FALSE)

　厚み補正時間 +sec を取り込む

⑦ D25 =VLOOKUP(C8,$L$21:$M$26,2,FALSE)

加工費を計算する

総加工時間 h E25 =(E23+F23)+((C9/C7)*(D23+D25))/3600

加工費 ¥/ 個　F25 =E25*C23/C9

4-1-14　管理費・利益の計算を設定する

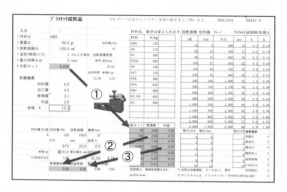

　まずは、管理費・利益を計算するための関数を判断する

入力されたロット数により、それぞれの係数（％）を取り込む

②管理費係数　　C27＝VLOOKUP(C9,$H$20:$I$26,2,FALSE)

③利益係数　　　D27＝VLOOKUP(C9,$H$20:$J$26,3,FALSE)

管理費・利益を計算する

管理費　　E27＝(B21+F25)*C27

利益　　　F27＝(B21+F25)*D27

　材料には材料管理費、加工には加工管理費、エネルギーには環境管理費などと分けて計算することもありますが、ここでは管理費を一括してあります。

4-1-15　原価計算結果を表示する

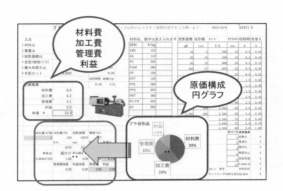

　出力枠に計算結果を取り込んで、表示する

材料費 =B21、加工費 =F25、管理費 =E27、利益 =F27、

単価 =SUM(C12:C15)

原価構成の円グラフも生成し、計算エリアに移動する

円グラフの目的は 2 つあります。

① 　原価の材料比率に注目すると、材料費からおよそ単価の目安が解っ
　　てきます。ロット数によって変化しますが、付加価値の判断力が向上
　　します。

② 　グラフで計算エリアを被います。利用者が不用意に計算式などを削
　　除するリスクを予防します。また、計算結果を保持します。いきなり
　　出力エリアに計算式を入れないで、同様のリスクを防ぎます。

　日本資材管理協会で提供する原価積算型コストテーブルは、これらの
プルダウンや計算式が設定済みです。そのまま利用することができます。
しかし、材料費、加工費や管理費などの数値は実態に合わせて見直しを
お願いいたします。https://www.jmma.gr.jp/

4-1-16　動作を確認する（完成）

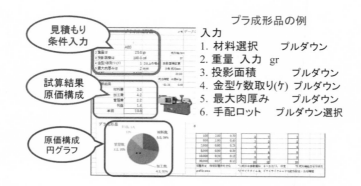

見積もり
条件入力

試算結果
原価構成

原価構成
円グラフ

プラ成形品の例

入力
1. 材料選択　　　プルダウン
2. 重量　入力　gr
3. 投影面積　　　　　プルダウン
4. 金型ケ数取り(ケ) プルダウン
5. 最大肉厚み　　　　プルダウン
6. 手配ロット　　プルダウン選択

　計算の条件を入力して、動作を確認します。動作確認のやり方を管理規程で標準化しておくと良いでしょう。以下にその例を示します。

1. 購入実績のあるデータから３件選んで計算して、実績と比較する。
　　どのくらい差があるか？興味深いところです。
　　材料単価、機械の大きさ選定、賃率、成形時間、段取り替え時間など
　　成形時間や段取時間などは、工場見学などで確認できます。
2. サプライヤから取得した見積書から３件選んで試算します。
　　見積書より安いか、高いか？
　　既存のサプライヤからの見積りはどうか？　新規売り込み先の見積り
　　はどうか？
3. 新製品の図面案から３件選んで試算します。
　　原価企画の目標値と比較してどうか？

　次ページ以降に、原価積算型コストテーブル具体例のコストドライバ選定や加工費の考え方について説明します。入出力項目やデータ類は巻末を参照願います。

4-2　積算型コストテーブルの具体例

　4-1 にて、プラスチック成形を例として作り方を 16 ステップで説明しました。同じ取組みで、殆どの委託外注品について原価積算型コストテーブルを容易に作ることができます。

　同じコンセプトで作成できますが、対象によってコストドライバをどのように取捨選択したら良いかに壁があり実現の鍵となります。それぞれの具体例でコストドライバやデータ構造イメージを説明いたします。詳細画面は巻末にあります。

積算型コストテーブルの具体例
4-2-1　精密板金（NCT）
4-2-2　板金加工（筐体）
4-2-3　マルチフォーミング
4-2-4　プレス加工（単型）
4-2-5　プレス加工単型の金型
4-2-6　鋳物
4-2-7　ダイキャスト
4-2-8　ロストワックス鋳造
4-2-9　プラスチック成形金型
4-2-10　プリント配線基板
4-2-11　化学薬品（液体）

　ここで紹介する原価積算型コストテーブルは、日本資材管理協会のWeb. で提供しております。但し、材料費や加工費などの数値は、計算確認用の仮のもので、実態に合わせた数字を入れて利用願います。

4-2-1　精密板金（NCT）コストテーブル

精密板金（NCT）のコストドライバは何か

材料の厚み（プレス剪断力）→機械の大きさを決める

　　　　　　　　　　→機械の大きさ・賃率・NCT 加工時間

加工費　→（NCT（穴や切り欠き回数・加工時間・賃率）＋

　　　　　　　　　　（折曲げや溶接加工時間・賃率）

自動運転、材料のローダ / アンローダ／ストックです。

ほかに、NC プログラムのロード時間、設備段取り時間などがあります。

材料費　→材料選択　→材料単価・重量（厚み・面積）

ほかに、定尺からの材料スクラップがありますが、多くの場合には、組合せ取り（nesting）も可能です。

加工のパンチング・スピードは、驚くほどものすごい速さです！

4-2-2　板金加工（筐体）　コストテーブル

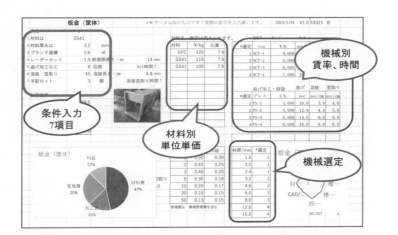

板金加工（筐体）のコストドライバは何か

材料の厚み (mm) →レーザーカット機械の大きさ

　　　　　→機械の大きさ・賃率・周囲長さ（m）レーザー加工時間

折曲げ回数

溶接の総延長（m）・歪取り

加工費→（レーザー加工時間・賃率）＋（曲げ回数・賃率）＋（溶接・歪取り時間・賃率）

仮組立治具で点付け溶接・溶接・歪取り・仕上です。

ほかに、NC プログラムのロード時間、設備段取り時間などがあります。

材料費　→材料選択　→材料単価・重量（厚み・面積）

ほかに、定尺からの材料スクラップがあります。

構造が同じでサイズ違いの場合、歪みのでにくい治具と溶接手順

4-2-3　マルチフォーミング　コストテーブル

マルチフォーミングのコストドライバは何か

材料の厚み (mm)・剪断力→フォーミング機械の大きさ
　　　　　→機械の大きさ・賃率・加工時間（抜き・曲げ・絞り・ネジ）

加工費→ (段取り・加工時間・賃率)
機械の運転スピードは、加工の形状、厚みなどにより影響します。
加工ステーション数は、最大 9 程度です。

材料費　→材料選択　→材料単価・重量（厚み・面積）
フォーミング加工の場合の材料は、あらかじめフープ材またはコイル材
にしたものを素形材として購入することが条件となります。当然、材料
費は高くなりますが、加工費は特に安くでき、大量生産向きです。
機関銃のように加工品がでてくる、ものすごい速さです！

4-2-4　プレス加工（単型）コストテーブル

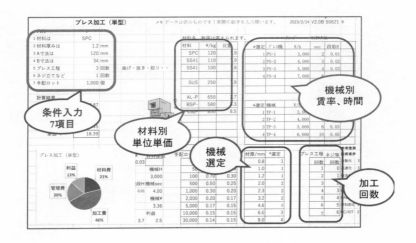

プレス加工（単型）のコストドライバは何か

材料の厚み (mm)・剪断力→プレス機械の大きさ

　　　　　→機械の大きさ・賃率・加工時間（曲げ・抜き・絞り・・）

プレス工程の回数

ネジ立てなど回数

加工費→ (段取り・プレス加工時間・賃率) ＋（ネジ立てなど回数・賃率）

材料費　→材料選択　→材料単価・重量（厚み・面積）

ほかに、定尺からの材料スクラップがあります。

プレス機械を数台並列で単型の順送り加工の工夫もあります。

複数台のプレス機を連動して、自動搬送 (louder,unloader) もあります。

4-2-5 プレス加工（単型の金型）　コストテーブル

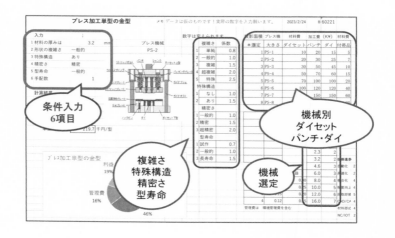

プレス加工（単型の金型）のコストドライバは何か

材料の厚み (mm)・剪断力→プレス機械の大きさ→ダイセット等
加工費　→形状複雑さ・特殊構造・精密さ・型寿命
型寿命によっては、ダイ・パンチの熱処理条件を変更します。

材料費　→ダイセット・パンチ・ダイ・付属品
ダイセットは市販品でも可能です。シングル段取り用もあります。
類似品の複数型を入れ子式・カセット金型方式もあります。

品質確認のため、試打ち・サンプル・検査データが必要です。

4-2-6　鋳物　コストテーブル

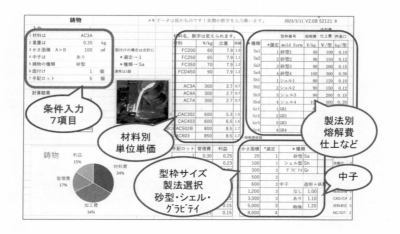

鋳物のコストドライバは何か

まずは、製法の選択→砂型・シェル型・グラビティ

かさ面積（㎠）→鋳物型の枠番が決る

　　→型の枠番大きさで加工費（熔解費・仕上費・押し湯口）×重量

材料費　→材料選択　→材料単価・（重量+押し湯口）

材料に依存して、熔解などの工程管理難易度が影響しますので、係数を
設定します鉄系では、ＦＣ　，ＦＣＤ・・・

非鉄系では、アルミ、銅合金、クロム銅・・・

車関連では、自動造形ライン・注湯～バラシ・仕上ラインでの生産が一
般的です。

4-2-7　ダイキャスト　コストテーブル

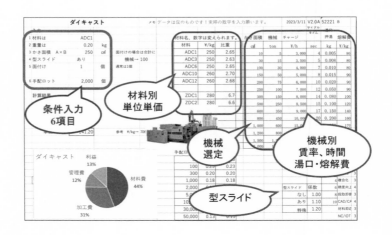

ダイキャストのコストドライバは何か

かさ面積 (㎤) →ダイキャスト機械の大きさ（Ton）型締力
　　　　　　　　→機械の大きさ・賃率・（加工時間・型スライド）
　　　　　　　　プラスチック成形と類似しています
　　　　　　　　溶湯の自動投入（hot chamber）が一般的ですが
　　　　　　　　手動方式（cold camber）もあります。

材料費　→材料選択　→材料単価・（重量＋押し湯口）
材料の熔解では、汎用的な材質の場合はスクラップ材や押し湯などのリ
ターン材も使用します。地金新塊（ingot）との配合比率

鋳ぐるみ（insert, outsert）モータ部品や機構モジュールなどあります。

4-2-8　ロストワックス鋳造　コストテーブル

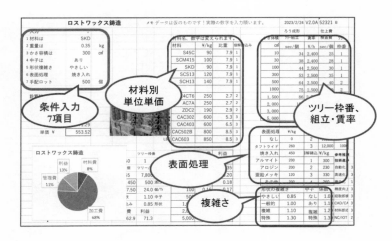

ロストワックス鋳造のコストドライバは何か

かさ面積 (㎤) →ツリーの枠番・大きさ
　　→ツリーの枠番・賃率・（ツリー組立・仕上検査）形状複雑さ・中子
　　　　　→ツリーの枠番・熔解・鋳込み費用
　　　　　→表面処理

ロストワックスのツリー成型作業は、ロット数にも依りますが多くが手作業（労働集約型）です。より安い人件費を求めて海外拠点へ

ワックス（ロー材料）の注入・成型・ツリーに植え付ける手仕事

材料費　→素材選択　→素材単価・（重量＋押し湯口）・熔解費

4-2-9 プラスチック成形金型　コストテーブル

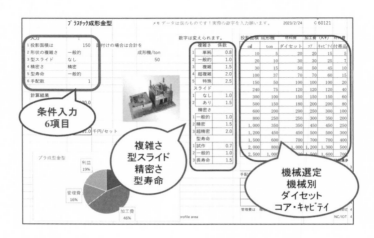

プラスチック成形金型のコストドライバは何か

投影面積 (c㎡)・面付け→成型機械の大きさ
加工費　→形状複雑さ・スライド構造・精密さ・型寿命
型寿命によって、コア・キャビテイの型材料・加工条件等を変更します。
長寿命型の場合、放電加工によるキャビテイ作成も

材料費　→ダイセット・コア・キャビテイ・付属品
ダイセットは市販品でも可能です。シングル段取り用の工夫があります。
コア・キャビテイの入れ子式（カセット金型）もあります。

品質確認のため、試打ち・サンプル・検査データが必要です。
場合により、買い手の立ち会い試作成形も多用されています。

4-2-10　プリント配線基板

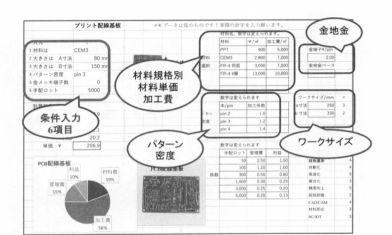

プリント配線基板のコストドライバは何か

投影面積 (㎠)・面付け→縦・横の寸法 何枚とれるか / ワークサイズ

配線基板の素材は　㎡　ですが、ワークサイズに制約されます
プリント配線基板の組立・自動半田ラインに対応した標準サイズあり
Work size は業種や企業によって異なりますが、業界標準的な寸法も
あります（de facto standard）。例として　250mm × 330mm

パターン密度　→何本 /pin　2本 rough pattern　→ 4本 fine pattern
パターンの層数　→片面、両面、4層〜 12層

材料　　PP-7, CEM-3, FR-4・・・
ポリアミドによるフレキシブル基板は、コストテーブルを別に作成する
必要があります。

4-2-11 化学薬品（液体）コストテーブル

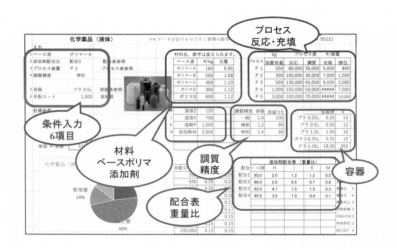

化学薬品（液体）のコストドライバは何か

液体の配合比率　→ベースポリマ＋薬剤 a ＋溶剤 b ＋添加剤 c・・・
反応装置の容量　→反応の種類、調質、充填、梱包
調質の精度

容器のサイズ　→　容器の種類

化学薬品は、自社工場での製造が多いですが、加工委託もあります。
薬品（錠剤）の場合は、その工程データを追加する必要があります。
食品業界は、配合や加工条件を指定しての加工委託もあります。
ブランド品の加工業者が請け負う、PB 品向けの生産もあります。

4-3　原価積算型コストテーブルの課題

詳細原価積上
ものづくり現場
工程設計要！

原価積算
技術の裏付け
入力少なく！

実績回帰分析
説得力ある
でも もっと安く！

ものづくりIE・VE
Visual basic

原価の見える化
Excel function

だれでも・簡単・便利
Excel

　積算した内容の妥当性について、検討します。理論的には正しいが、サプライヤはこのコストテーブルの数値（@ ¥/個）とこの内容（賃率や工数）をどのように判断・評価・理解するでしょうか。

　数字が甘ければニッコリ、理論的に理解できても数値が厳しければ、その数値ではなかなか交渉は妥結困難でしょう。どの程度数値を調整・修正したら良いか、どのデータをどのように理論と実態に鑑みて歩み寄れば良いか、サプライヤとの充分な対話が必要です。

　もっと詳細な原価見積りの希望もあります。本稿で紹介した原価積算型コストテーブルは使いやすい！　しかし、あまりにも簡潔（simple）なので疑問がでるでしょう。「この程度で良いのだろうか？」　もっと詳細な原価計算の要求は確かにあります。ものづくり企業の場合、現場カイゼンのためのコストテーブルは更に詳細なものが必要です。しかし、詳細さと入力の手間は比例して増加します。また、利用者数は反比例して減少し限定的となります。コストテーブルがあっても利用されないでは本末転倒です。まずは現実解を探り、中期的にはレベルアップさせる購買コスト管理責任者の本気度が試されます。

4-3-1　PCS 理論を活用できないか

　PCS とは、購買コスト標準という考え方です。つまり、理想工場で
のコスト基準です。現状の技術レベルでの理想的な仮想工場設定での理
想的なものづくりの製造原価を算出するやり方です。

　確かに理論的な考え方を否定しませんが、理想とは何か？　そこに問
題があります。また、サプライヤは常に理想とかけ離れた実態にありど
こまで歩み寄って交渉すべきか？コストテーブルの理想値を振りかざし
ても交渉は平行線です。だだし、そのような "ありたいコスト" を知っ
てお互いに挑戦することは意義があります。また、どのような技術がど
のレベルに向上できれば達成する可能性があるのか？　技術ロードマッ
プ：TR（Technology Road map）　を考える上で有効です。

　サプライヤは PCS 基準コストについて、実はかなりよく知っていま
す。稼働中の設備・機械の減価償却計画や次期の設備投資について、当
然検討済みです。サプライヤは常に、設備能力と設備稼働率のバランス、
つまり受注量確保と継続性や需要予測が課題なのです。

　買い手が仮にある業種について PCS を設定して、コストテーブルを
作成活用した場合。理想とする仮想工場の仕事の内容・特徴と仕事量に
ついて、何をどのくらいとするかを適用するサプライヤに納得のゆく説
明ができるでしょうか？　シッカリした説明ができなければ、PCS で
すよと言っても、それがなんだ、ということになります。PCS 理論とは、
買い手の勝手な能書きだとも受け取られます。しかし、PCS 設定の条
件を踏まえて、サプライヤの現実を正確に評価して改善提案を熱く語れ
れば大変有意なことです。

4-3-2　材料費について

　材料単価はいくらの正解はありません。サプライヤや材料商社との摺り合わせと定期的な更新が必要です。

　材料市況があります。国際的材料には、一民間企業ではなんとも対応できない価格動向（市況）が存在します。
① 　油系では、原油、ナフサなどの国際市況があります。
② 　金属系では、地金ベースでの国際市況と建値　が存在します。
③ 　貴金属（レアアース）では、地政学的な動向も見逃せません。
　しかし、市況の多くは業界新聞などによりかなりの情報が得られます。

　材料のベース価格と材料取り方、材料のロスも考慮する必要があります。材料調達では、材料の規格、形状（ロール、定尺、フープ材など）についても考慮します。

4-3-3　機械能力（大きさ）の選定基準について

　技術は日進月歩です。沢山の技術ロードマップを手に入れて先を見通す事が可能です。また、加工技術の物理的や化学的な原理は大きく変化することはありません。しかし、加工の方式、加工の高速化や精密さなどは進化が激しく替わります。原理的なところをシッカリ押さえてデータを組み込む事が肝要です。

　例えば、プラスチック成形の型締力（トン数）、板金プレス加工の剪断力（ｋｇ）、曲げの変形力（ｋｇ）、鋳物の材種別溶解温度（℃）などがあります。

4-3-4　賃率（¥/h）について

　自動化、AI化は、変化が急速でしょう。つまり、人件費は大幅に減少すると思われます。機械操作の自動化による省力化、無人化が進みます。賃率の定義と要素について、分析しておく必要があります。

　賃率（マシン・アワーレート）の構成要素は大きくは3つあります。
① 　機械・設備の償却費用です。耐用年数や稼働時間、償却費用
② 　機械操作の人件費です。多台数運転や無人運転、段取り
③ 　運転のエネルギー費用などです。電気、燃料、メンテナンス費用
これらの合計を日割り又は時間割で、時間単価（賃率）とします。秒単価、1パンチ単価、1バッチ処理単価などがあります。

4-3-5　加工時間（工数）について

　加工工数（時間）は、多くの要素があります。
① 　材料に依存するもの、　難切削材、塑性加工材・・
② 　設備・機械の大きさに依存するもの　プレスの能力・・・
③ 　被加工品設計に依存するもの　大きさ、複雑さ、精度・・・
④ 　機械の技術レベルに依存する　高速化、CAD/CAM
⑤ 　段取り替え　金型、材料、工具交換、加工ソフトのローデイング

4-3-6　見積り条件を入力しやすいか

　入力項目の意味はわかるが、設計図面や仕様書を理解してインプットできない場合は困ります。操作スキルの敷居が高いと利用者が限定されてしまいます。簡単なマニュアルや Web. 研修も有効です。

　インプット項目によっては何をインプットしたら良いか、迷ってできない知識不足も少なくありません。そこで、選択する場合に頻度の多い選択肢、は初期値（デフォルト）で指定しておくと便利です。「よくわからない」「迷って決めにくいとき」、デフォルトそのままでも指定できたことで計算が行える仕掛けで、クリックすると結果が出ます。これも有効でしょう。

4-3-7　図面の見方が解らない

　購買担当者の中には、図面の見方を知りたい！との要望も少なくありません。おそらく、図面を読み解いてコストの目利き能力を高めたいとの思いだと思います。図面をよく理解することは、基本的なビジネス能力で大切です。企業内 Web. で図面の見方や"ものづくり"の簡単な説明や動画が有効です。では、その後に「何ができるようになりたい」のでしょうか？　3つくらい考えられます。
① 　原価（cost）の目利き能力を磨きたい　　　価格交渉へ
② 　ものづくりの工程設計能力を得たい　　　IE 改善へ
③ 　調達納期や品質への影響度合いを理解したい　サプライヤ評価へ
などがあるでしょう。いずれも、企業内 Web. で学ぶ仕掛けがあります。

4-4　原価積算型コストテーブルの評価

　最初から満足できる原価積算型コストテーブル作りは困難です。改良のためには、できばえの評価が必要です。どんな課題があるのか評価し改良計画推進をお勧めいたします。

　対象の加工現場が社内にあれば、多くの情報が入手容易です。しかし、全て外注委託の場合には実態把握は困難です。いきなりサプライヤに聞いても、話し合いどころではありません。今までの価格交渉の経過いかんでは、拒絶されかねません。しかし、方法はあります。

　機械能力を決めるコストドライバと数値については、機械メーカは明快な根拠を開示してくれるでしょう。そして、機械操作についても、無人運転の設定条件や業界の実態・動向も聞けるでしょう。技術の進歩についても多くの情報があります。材料価格については、材料の商社が多くの情報を提供してくれるでしょう。あなたの取組み如何です。

　コストテーブルがなければ始まりません。組み込まれたデータや賃率などは、会社の営業機密情報・知財です。改良を続けましょう。

3部

コストテーブルの進化

☆　定期的更新で永続活用する
☆　技術の目と購買の目でコストテーブル
☆　コストマネジメントシステムどうする

コストテーブルは作って完成ではありません。使って改良し続けること
が大切です。それによって、企業利益に貢献できなければ、そのコスト
テーブルはほとんど意味が無いということになります。

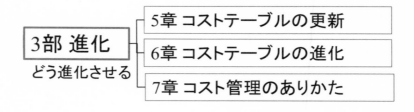

5章
コストテーブルの更新

☆　定期的更新、メンテナンスしやすさで永続伝承
☆　組織のノウハウとして活用し、成果をあげ続ける
☆　技術の進歩を取り込む工夫も

5-1　データの更新で永続活用

　データの更新は定期的に実施することが大切です。かりに数値の変化がなくても、定期的な更新は重要です。また、購買管理規程によって、更新の管理部署と決済者を明確にしておくことも大切です。

　コストテーブルの更新は、何を・いつ・どのように・だれがやるのが良いでしょうか？回帰分析型では、購入実績データの追加・入れ替えです。さらに、類似品のコストテーブルを派生追加して充実させることも必要です。原価積算型では、見直し・更新する項目は沢山あります。

　更新の周期は、最低でも1回/年　です。しかし、材料市況などの変動は変化が激しいので、対象によっては周期を短くすべきです。

　更新の方法は、できるだけシステム化しておくのがお勧めです。しかし、原価積算のコストドライバは"何をいくらにするのか"議論とその結果を関係者に徹底する仕組みも必要です。単なる更新では、その信頼性が薄くなるリスクがあります。そのためには、コストテーブルを管理する専門の組織が必要です。

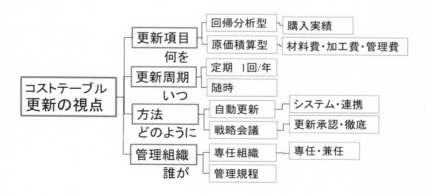

5-2　更新する項目

　定期的に更新すべき項目は何と何でしょうか。回帰型と原価積算型ではかなり異なります。

① 　回帰型コストテーブルの場合

　対象品の購入実績の増加、新しい実績単価をテーブルに更新して、グラフの数式・数値を入れ替えます。必要により、コストテーブルの分割・派生（増加）させることも有効です。

② 　原価積算型コストテーブルの場合

　コストテーブル試算値よりも安く価格決定が行われた場合には、その原因を分析・討議して、理由によってはコストテーブルのデータを修正すべきです。但し、コストテーブルの数式・計算ロジックに問題ある場合は、それらの変更（校正）も考える必要があります。コストテーブルが万能ではありません。主な原因として、データに取り込むべきコストドライバの選択に問題があるでしょう。

・材料の価格　　　・地金ベース

原油　　　NYMEX, WTI 原油先物（$/bl）West Texas Intermediate

ナフサ　　輸入　　CIF; Cost, Insurance and Freight

国産ナフサ価格＝ナフサ輸入平均価格（貿易統計）＋ 2,000 円 /kL

樹脂価格のナフサ価格リンク　ナフサフォーミュラ　もあります。

樹脂類の市中価格　　　各業界紙情報

・加工工数　　加工の賃率

・ロット別管理費率　・ロット別利益率

③ 　その他　管理番号や更新日の表現などの標準化

5-2-1　技術進歩の状況

　技術の進歩の程度を、コストテーブルの変数・数値に反映させること
は必須重要です。　①そのためには、コストテーブルの仕組みや仕掛け
の中に、技術変化の変数を組み込んでおく必要があります。　②そして、
日頃からサプライヤや業界関係者とのお付き合いの中で、技術への好奇
心を高めておいて、質問や話題にするよう心がけておくと良いのです。
常にそのようにしておくと、いつの日にか、あなた宛てに技術情報が集
まる流れができてくることが少なくありません。

　「情報を集める」から「情報が集まる」の関係が生まれます。次第に「そ
の技術の先は？」「その先の先は？」の話題となって、変化の先読みが
可能となるでしょう。電子部品や半導体の業界では、サプライヤの営業
部門が技術情報を「技術ロードマップ」や「製品ロードマップ」として
提供し技術提案することが一般化しています。多くの業界についても、
そのようなことが拡大していることはうれしいことです。

　どの方向に向かって、今はどのレベルにあるのか、コストドライバに
どう影響するのか、技術の目と購買の目がコストテーブルです。そこに
埋め込まれた技術進歩の視点とレベルのイメージ例です。

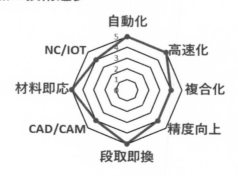

NCT加工技術進歩

5-2-2　技術のブレークスルー　　　breakthrough

　ある技術が進化して、相当に高まると、行き止まり感が出てきます。更に極めようと各社が技術を競う中で、突き詰めている技術の別な方式で展開する"技術ブレークスルー"が起ります。

　ブレークスルーは進化や進歩の壁を従来の延長線上とは違った方法によって突破することです。今までの技術ではなく、別方式や新材料開発、機能を実現するコンセプトの変更、ソフトリッチ化などが起ります。この場合、原価積算型コストテーブルでは、データの構造や計算式を見直す必要がある場合もあります。

　情報を利益に変える購買エンジニアとしては、常に関心を持って接することが必要です。技術の進歩はあらゆる業種で起っています。それらが自社の製品へも影響し、その構成部材のサプライヤへも伝搬します。変化は常に起っており、業界の変革とサプライヤの盛衰も続きます。

　変化を取り込めれば、対応策が見えてくることもあります。変化を見過ごしてしまうと、後追いの苦労が増大します。サプライヤの協力と連携によって、購買の使命を達成する共益協創の取組みの成否は、コストテーブルに埋め込まれた技術進歩の注視にもヒントがあります。以下のような一例は日々起っています。
・プリント配線基板→超高密度化→多層化→オン・チップ化
・精密板金加工→精密鋳造化→冷間鍛造化→複合プレス化
・金属構造部品→耐熱樹脂成形→構造革新・ソフト化

5-3 更新の周期

　定期的更新の周期はどのように考えるべきでしょうか。企業の決算期を意識して伝統的な考えでは、1 回 / 半年～年　でした。しかし、購買システムの進化によって、日々自動取込が可能となりました。

　積算型コストテーブルは、加工費や管理費などは、1 回 / 年を原則として考えて良いと思います。材料費は、対象によっては毎月、毎週も必要でしょう。

　金属地金相場について、建値 (指標) と市中相場（実際の取引価格）があります。変動をモニタリングしコストテーブルへ反映するタイミングを検討します。金属（鋳物やダイキャストなど）によっては、地金スライドという購買価格の契約方式もあります。

金・銀・プラチナ　　　　日次貴金属相場　　Daily Metal Prices
銅・アルミ・亜鉛・ニッケル　LME 指標　LME Official Settlement Price
電気銅・亜鉛・鉛　　　　国内地金建値　　Official Price
鋼板・鋼材　　　　　　　市中価格推移　各業界紙情報

為替レート　　　　　　　Exchange Rate

5-4 更新の方法

　購入実績データの自動取込み更新（システム）を行っている会社が少なくありません。しかし、コストテーブルの管理者が直接データ更新することも一般的です。

回帰分析型コストテーブルの場合
価格交渉をがんばって、コストテーブル予測値より安く値決めが行われた場合には、その実績値を取り込む事によって更新が有効です。当然、回帰数式は更新・修正します。

・定期的な（年次、月次など）、購買のデータベースからコストテーブルへの自動取込　　リレーショナル・データベース
・必要により意図的な、購買データからコストテーブルへの取込
・国際価格比較や為替レートなどの、日次または週次の自動取込

　その他　特殊アプリのコストテーブルの場合　どうする？開発委託のコストテーブル・ソフトのダークパターンに留意が必要です。立派なコストテーブルを外部委託開発して完成した。入力に手間がかかる、専用のアプリをPCにインストール必要がある。専用アプリを使えるPCが限定されている。少し改良したいが、外部への支払い費用が結構かかる。まれにデータ更新（変数の入力）でさえもお金がかかる？

　コストテーブルによって計算し得られた数値は、その企業の購買部門の意志・価格のものさし　です。必要により、価格妥当性のチェックと責任者の決裁が必要です。そして、関係者への徹底です。全社への徹底の方法として、材種群別購買戦略会議での周知と活用の展開が有効です。

5-4-1　リレーショナルな更新

　データ・テーブルの構造、規則性、表現方法やデータ更新の方法など
を、あらかじめ決めて標準化しておくことが、その後の更新管理に大き
な効果を生みます。この標準化はとても重要なことです。

　例えば、複数の原価積算型コストテーブルの材料単価を更新する場合、
材料のデータベースから同時にシステムとして複数のテーブルに同時に
数値（変数）の更新をすることが容易となります。ごく当たり前のこと
ですが、データのコンセプトの標準化が更新管理に有効です。

　コストテーブル継続活用の基本的な枠組みを、キチンと設計しておけ
ば更新は容易です。コストテーブルが沢山ある場合は、途中からの仕掛
けと仕組みの変更では、多くの労力と信頼性毀損のリスクが増します。

材料単価を複数テーブルへ一括更新

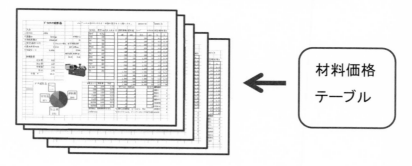

5-4-2　購買データマネジメント

　コストテーブルを作成して活用が始まると、必ず発生する課題があります。それは、購買データマネジメントの項目にコストドライバが織り込まれていない場合です。

　もし P-BOM にコストドライバが織り込まれていないと、コストテーブルを活用する場合、調べる事が必要になります。対象によっては、図面を見たり仕様書を確認します。購買データにコストドライバがあれば、調べる必要が無くその場で入力して即計算や確認ができます。

　企業によっては、"単価マスタ"と呼んで全ての発注部材をデータベース化しております。単価マスタの項目にコストドライバを組み込んでおく事です。会社によっては、E-BOM・P-BOM と連携してデータ構築しています。コストドライバを扱うことが常識化しているのです。

E-BOM　P-BOM 連携

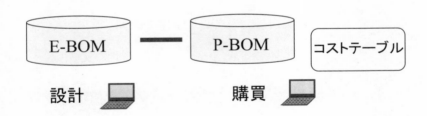

5-4-3 BMS の国際価格比較の更新

BMS は、主にアイデアの比較や見積書の比較に利用されていますが、コストテーブルとの比較も行われています。そして、案件の価格交渉後も一件落着にせず、次回に向けて更新し継続使用されます。

国際的に製造や調達拠点がある場合、同一機能部品や類似品の国際価格比較が多くの企業で行われております。当然のことですが、円換算値やドルベースでの比較となります。新しい発注契約が実行された場合に BMS の値が更新される仕組みです。

国際的に製造拠点や調達拠点を複数持つ企業では、主要部品の BMS で価格交渉の実態やコストテーブル対比の把握を行っています。調達所轄役員や事業所長の端末で BMS がアイコン化されて、株価のごとくいつでもチェックできるシステムが普及しています。

154

5-5 更新管理する組織

　企業規模にもよりますが、コストテーブル管理の組織や専任化が有効です。

　本社調達部の組織の中に、コストマネジメントシステム管理があれば、そこでコストテーブルの管理も行うのが一般的です。企業の規模によっては、購買部門の中に専任者もしくは兼任で担当者を指名するのが妥当でしょう。いずれにしても、管轄元を決めておくことが必要です。必要に応じて作って・利用しているのでは、管理不能です。

・管理責任者

　コストテーブルの管理者を本社集中ではなく、対象品の購買戦略会議で決定している企業もあります。より多く専門的に購買している部門責任者が相当します。現在どれだけのコストテーブルが存在して、どのような利用状況なのか、今後の整備・改廃計画はどうなっているのか、定期的に購買責任者へ報告できる体制が必須です。

・重点サプライヤとの共有

　必要により、特別な信頼関係の強い重点サプライヤとの共有・連携も行っている会社が少なくありません。その一方で、サプライヤと共有するなんて、"とんでもない"という会社も少なくありません。サプライヤへの提供については、重点サプライヤと格付けされた企業に対して行い、その対象の定期的見直しが必要です。その際には、信頼関係にもとづく共益協創の取り組み状況の把握と課題、サプライヤ評価のスコアなどを鑑みた関係者の合議が有効です。

5-5-1　属人的から組織の知財へ

　属人的（マニアック）の良い点と課題があります。良いことの共有！
マニアックでも大変優れたコストテーブルが沢山あります。

　社内の熟練購買担当者が作成して、全社に発表して利用が拡大し、知
財として認められているのは、大変立派ですばらしいことです。しかし、
マニュアックなところがあって、利用者は入力に戸惑うことがあっては、
開発担当者の移動を機に、ほとんど利用されなくなってしまいます。

課題は
① 　入力が専門的で、難しい項目がある
② 　データ更新が難しい　などがあります。
　そこで、コストテーブル開発の基本的なことは、社内管理規程であらか
じめ決めておくと、知財として長年活用し成果が維持されます。基本
的な事柄とは、入出力の構造、データ・テーブルの構造や表現、計算の
やり方、数字の単位、更新のやりかたなどがあります。能力の成熟度モ
デルを応用した、業務の成熟度モデルが参考になります。

業務成熟度

変化に対応して**最適化**が図られている
効果測定し**管理改善**が進んでいる
業務の機能**定義が明確**で標準化されている
手順があり繰り返し行っているが・・・
個人に依存して**やっているが**・・・

5-5-2　情報のセキュリテー　　computer security

　コストテーブルのデータ・数値は企業機密情報です。セキュリテーについて、充分な対策が必須です。しかし、使いやすさとのバランスも考慮すべきことです。原本の改ざん防止も重要です。

　災害、外部からの不正アクセスやデータの不正利用を防止するなどの目的のために、コンピューターの安全を確保すること。情報セキュリテーについては、JIS Q 27000 (ISO/IEC 27000) の、情報の機密性、完全性、可用性を維持することなどがあります。

　機密性 (Confidentiality): 情報へのアクセスを認められた者だけが、その情報にアクセスできる状態を確保すること。通常はパスワードの設定が行われます。

　完全性 (Integrity): 情報が破壊、改ざん又は消去されていない状態を確保すること。データの維持・更新は特別に指名された者だけがアクセスできるようパスワードなどの設定を行います。

　可用性 (Availability): 情報へのアクセスを認められた者が、必要時に中断することなく、情報及び関連資産にアクセスできる状態を確保すること。クラウドデータ管理などで、テレワークにも対応できます。

　責任追跡性と信頼性（access log）：　いつ誰が何に対してどのような作業を実行したのか、証拠を残しておくことです。

5-6　制度設計に甘さはないか

　コストテーブル更新管理の仕組みがなければ維持される保証はありません。立派なコストテーブルが完成しても自発的な管理に委ねられた場合、陳腐化・形骸化するリスクが高まります。

　企業の知識財産としての取り組みがなければ、成り行きまかせとなります。制度設計の甘さが、せっかくの知財を失うことになります。高額で投資した外部委託ソフトなら、責任者は無策の責任を問われます。

　"あるけど、あまり使わない" 世の中には意外と存在する話しです。どんなに良いコストテーブルでも、活用の稼働率が低ければその価値は限定的となります。使いこなすための仕掛けと仕組みも併せて必須重要な事です。活用の成果を評価する仕組みもあると課題の見える化がされて、そこから進化に繋がります。

　コストテーブルを作ることに取り組むプロジェクトは少なくありませんが、その稼働率や成果の評価についての仕組みや管理は意外と忘れがちです。道具を磨くことは大切ですが、その成果をあげることが目的です。

5-6-1 コストテーブルの管理　評価表　　Cost table management

　コストテーブルの制度設計は、作り・更新するだけではなく、実務にビルトインして、利用者教育も必要です。ソフトの扱いスキル習得にとどまらず、調達対象品群の実務での現場教育が特に有効です。

利用するスキルが無ければ始まりませんが、"どう活かす""このように"の現場演習が望まれます。調達部材群別戦略会議などでの演習と具体的品番の目標価格設定や交渉戦略などの討議を行っている会社が少なくありません。　コストテーブルを活用して得られた計算値などを P-BOM に取り込んで再利用できる仕組みが有効です。

　多くの利用者の意見を聞く力も必要です。何が入力しにくいのか、計算出力値の妥当性や精度についての現場担当者の意見も大切です。同じ対象部材を回帰分析型だけではなく、原価積算型も併用することや、対象品の特徴を考えて、類似派生させて併用するなどの課題も対応する必要があります。

コストテーブルの管理　評価表

6章
コストテーブルの進化

☆　道具を育てる、色々な進化の方向
☆　インテリジェンス化　できない理由よりも、できる工夫
☆　テーブルから　見積りアプリへ進化　AI が学習する

6-1　コストテーブルの歴史

　1960年頃、日本生産性本部のアメリカ視察団がノーザンテレコム社を見学訪問した際に、設計者が注視している表に興味を持った佐藤　良さんが質問したところ「This is a cost table.」だと言う。この報告をヒントにして日本でもコストテーブルが考案されました (諸説あります)。1980年頃パソコンの実用と相まって単なる表から対話形式のコストテーブルのソフトが生まれ、更に3D・CAD連携へと進化しました。

　1960年代に日本企業の調達部門では盛んにコストテーブルが作成されました。コストダウンの根拠として、IE現場カイゼンやコストダウン交渉に挑戦しました。その後VEが日本企業に導入され、図面改良アイデアのコスト査定・評価などに多用されました。しかし購買部門には広く普及することはありませんでした。設計図面の最適化やVEのことは設計所轄だからです。

　調達の価格交渉に際して「電子入札」が2000年初に拡大しました。品質が担保されている商品や金属素型材などについては、電子入札によるコストダウン競争がよく機能しました。しかし、図面や仕様書による調達品ではコスト以外の課題も多くあって更に拡大・普及することはありませんでした。

　その後 "技談" という考えかたも提唱されましたが、それを実行するには、それなりの技術知識とコストテーブルや活用スキルが必要であり拡大普及には至りませんでした。てっとり早く取り組める交渉術に流れてしまう企業もありました。

6-1-1　計算尺式　コストテーブル

　まだ、電卓やパソコンが無かった時代に"計算尺"という道具がありました。プラスチック成形品のコストテーブルを、計算尺方式で開発しました。まずは、工法を選択しスライダを動かします、次に投影面積に合わせてスライダを動かすと機械能力（ton）と成形時間、仕上工数や賃率などが表示されます。裏面に各種材料の単価 /kg と比重の一覧表があって、これらを利用して原価積算は自分で行います。

　意外なことに、プラスチック成形品のサプライヤが非常に興味を示し、数社の営業マンが買いたいと要請がありました。営業の見積り用に使うとの話しでした。信頼関係のある数社と共有しました。価格交渉で計算尺の数字が即 OK ではありませんが、議論の根拠は共有できているので、話し合いは有意義でお互いに納得できるものでした。

　単価＝（材料費＋成形費＋仕上費＋管理費）＋α
　材料費＝（容積×比重）×材料単価
　成形費＝（（段取り費×１/ 手配ロット）＋（成形 sec＋厚み係数）×賃率×１/ 面付け数）　・・・などとなっています。

計算尺式　プラスチック成形コストテーブル　at 1968

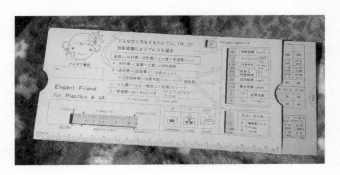

6-1-2　パソコンによる原価積算型コストテーブル

　シャープ、マイコンキット「ＭＺ-８０Ｋ」発売され（at DEC1978）プログラム言語は BASIC でした。当初の利用は、コストテーブルの計算式（cost formula）をプログラムしておいて、いくつかの変数（コストドライバ）を入力して原価計算（条件入力による試算）を行っていました。

　次第に、プログラムの工夫で対話形式のコストテーブルになりました。積算型コストテーブルの計算結果をプリントアウトする方式に進化しました。紙出力の見積書形式は、サプライヤからの見積書提出指定フォーマットと同じになっています。プラスチック成形、板金加工、ばね、鋳物や電源ユニットなど多くの積算型コストテーブルの出力様式を、見積り提出フォーマットとして利用しました。電源ユニットでは、VE アイデアの７項目での試算額、９段階のロット数での試算も表示されています。

　この時代は、印字はカタカナと英数字だけでした。　東芝日本語ワードプロセッサー「ＪＷ-０１」が発表されたのは 1980 年頃でした。

**原価積算型
電源ユニットコストテーブル**
at 1984

6-1-3　パソコンの高性能化で進化

　1990 年代に、板金やプラスチック成形などの　Visual Basic プログラムによる原価積算型コストテーブルは各社で作成され広く使われました。現在でも更新され活用し続けている企業もあります。

　これらは、詳細な原価積算型ソフトとして普及しました。PCS ではありません、理想的な工場を想定したものではなくサプライヤの実態に近いものと想定されます。入力（コストドライバ）は 15 項目程度と多く、熟練者向きですが、色々な工夫を盛り込んでいることが注目されます。プラスチック成形品の例では、

1. 目標原価逆算のアイデア 5 項目の試算
   コストドライバ / アイデア集の中から、材料グレード、重量軽減、肉厚み軽減、金型多数取り、金型スライド構造削除を考慮して計算
2. コストテーブル試算値で対応できるサプライヤ企業名の表示
3. ロット係数に応じた計算
   7 段階のロットの数で管理費などを試算して、単価をグラフ表示
4. 為替　＄や各地の通貨で換算表示する機能、海外調達対応
5. 計算結果を保存する機能、後で読み出して再計算もできます。

原価積算型　プラスチック成型コストテーブル　at 1995

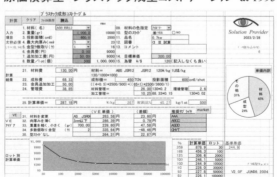

6-1-4　見積書フォーマットとサプライヤ連携

　買い手の指定見積書フォーマットに対応したコストテーブル計算と紙出力があります。これは 1990 年頃から実現している企業が少なくありません。数社から取得した見積書データを比較表（BMS）に並べて取り込んで比較評価する仕組みが活用されていました。

　相見積り依頼する際に、事前参考資料としてコストテーブル計算値を見積書フォーマットで出力して、必要によりサプライヤへ渡しておりました。当初は " 見積書案 " というタイトルでした。その見積書案の案を消して訂正印を押印すれば、見積書として提出できました。若干の価格修正を含めて、多くのサプライヤは協力的でした。理由は、サプライヤの見積り作成労力の軽減や数値の納得性でした。

　業界で普及し始めた頃、中小企業庁から指摘がありました。買う側の地位の乱用について、グレーだという話しでした。その書面のタイトルが見積書案ではなく、参考情報であれば良いという当時の判断でした。21 世紀だと見積書など電子データのやりとりなので、オリジン・データの判別はどうするのでしょうか？

コストテーブルと　見積り参考情報　イメージ　　at 1990

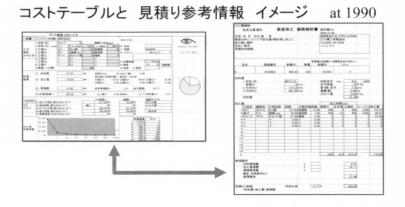

6-1-5　設計 CAD/CAM は常識の時代へ

　すでに CAD/CAM は常識となりました。CAD ソフトが汎用的に普及して機械加工や板金加工などは、CAM のツール・パスが自動生成され、工数が自動積算できています。

　CAM は切削機械加工、金型部品の切削、板金の打ち抜き、ばね・フォーミングの製作など顕著です。CAM とは加工刃物の位置がコンピュータ自動制御 (CNC：Computerized Numerical Control) ですから、コストテーブルの工数情報があるので、賃率、材料費と管理費などを付加すれば原価積算できます。

　加工工数については、CAD/CAM データで自動積算されます。課題は製造機械に関わる賃率です。材料費や管理費についても、汎用的に自動積算アプリが提供されるでしょう。おそらく、コストアプリのようなもの？　が普及しコストテーブルは不要となるのでしょうか。

　コストテーブルを作成したベテラン社員が移籍や定年を迎え、その後形骸化が進みました。また、コストテーブルを含む「知の競争と協創インフラ」の制度設計すらも取り組む購買担当役員が少なくなりました。今さらコストテーブルは不要なのでしょうか？それとも一気に、AI コストテーブルが普及するのでしょうか？ AI コストテーブルは、すでに数社で試行されています。

　しかし、アプリを活用してより多くの利益を生み出すのは人の役割です。"AI がこう言っています、この数値です" これでは人の存在価値はありませんが、そのような人が次第に増えてしまうのでしょうか？

6-2　コストテーブル進化の方向　　direction of evolution

　コストテーブルの進化をどう考えるか、コストテーブルという道具を、どのように進化させたいのか？使いやすい、簡便で誰でも使える、使う人の知識レベル（敷居）を低くする方向か。それとも、道具を使う人の能力を磨く方向か、使いながら人の知能を磨き高めて人材育成してより高度な製品やサービスを生み出す方向もあるでしょう。

もっと→ more, more　もっと、計算精度向上　超概算→概算→±3％

　　　　　　　　　もっと、設計図面改良支援し易いように

　　　　　　　　　もっと、ものづくり改良支援し易いように

　　　　　　　　　もっと、コストダウン推進支援し易いように

知性化→ Intelligence　図面を書きながら、同時並行してコスト見積り

　　　　　　　　　付加価値を創造する

ソフトウエア→ software 汎用ソフト　Excel　Visual basic

　　　　　　　　　Payton　特殊アプリ

サプライヤ連携→ collaboration　パートナシップを深める

　　　　　　　　　CAD-CAD-CAM

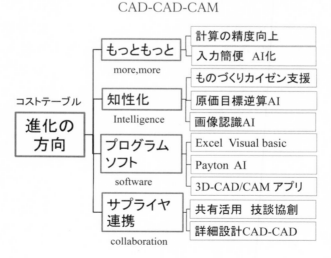

6-2-1　もっともっと　　　more, more

　簡便・迅速な使いやすい原価積算型コストテーブルですが、もっと計算精度向上させたい要望があります。それには、入力するコストドライバ項目を増やすのが一般的です。

　しかし、入力のやり方を工夫すれば、入力の項目を増やさずに項目を増やした効果を得ることも可能です。例えば、データのデザインを複数構造化し組み合わせて構築し、プルダウンで選択することも可能です。どのようなデータの組合せが良いかは、対象によって変化しますが、外注品の加工費では機械の能力と工数に関わるものです。

　加工部品については、その企業固有の特徴ある製品構造や形状などを、複数のイラストや画像を選択して多くの入力項目（コストドライバ）の組合せに相当する情報を一括で選択できる工夫もあります。その場合には、事前に精査した原価計算根拠や実績データを検索できることが信頼性が高まるでしょう。

　材料単価（@￥/kg）で計算できる材料費は、全量を新材料（バージン材）ではなく、ある比率の再生材（リターン材）を使用することを加味した材料単価、又は加味した材料単価も選択できる工夫が良いでしょう。その場合、特性に影響しないとの品質確認が必須です。

　定尺からの材料取りを行う対象の材料費は、端材やスクラップ材の計算が概算から、もっと精度を高める工夫が必要になります。但し、組合せ取り（nesting）や自動送りパイロット穴の位置変更による加工シロ削減への画像認識などの工夫があると良いでしょう。

6-2-2　知性化　　　　　Intelligence

　知性化の視点は多岐にわたります。設計作図しながらコスト査定、IE によるものづくりカイゼン、VE による図面の最適化、目標原価逆算のアイデア誘発、などが考えられます。

　CAD ソフトにコストテーブルソフトを連携させると、図面を書きながら、同時並行してコスト見積りが可能です。CAD/CAM ができる加工品については、既にできているかも知れません。おそらく、CAM のソフトにはかなり以前から機械メーカーによって提供され普及しております。

　加工品の生産工程設計（QC 工程図など）では、IE カイゼンの提案ソフトが使用されているでしょう。特に組立（アセンブリー）工程では、正味加工と区別して、工法選択、潜在運搬や時間ロスなどを査定評価することは多くの実績があります。見積書チェックに期待できます。

　VE 提案については、図面作図の途中で、コストテーブルをクリックして原価目標を入力すれば実現できそうです。コストドライバ / アイデア集から項目選択すると、その効果金額と購入原価予測値が計算されるでしょう。購買に見積り査定依頼しなくても、購買部門から設計部門へソフトを共有しておけば可能です。

　更に、原価目標逆算のアイデアとその予測値を、図面作成途中で得ることもできます。その場合は、目標逆算によるコストドライバの選択アルゴリズムをコストテーブルに組み込んでおくことが必須です。このアルゴリズム開発こそが、開発購買エンジニアの重要な役割です。出図されてからではなく、設計途中でのコストダウン支援が購買の使命の一部となる時代がそこまで来ています。

6-2-3　ソフトウエア　　　software

　ソフトウエアについて、無学浅識の私には妄想です。近年の変化類推では、ものすごい速さでAIソフトが普及するでしょう。いずれはCADデータや手入力に頼らずとも、コスト見積はAIがやるでしょう。

　加工の生産設計や加工工数などは、客観的にかなり高い精度で見積可能でしょう。しかし、企業固有の購買・調達力は一様ではありませんので、賃率については、AIチャットは悩みどう答えるのでしょうか？　一つは、業界相場推定による値です。もう一つは、その企業の調達実績品の画像読み込み学習と購買実績値から割り出す値でしょうか。

　たかがExcel、されどExcelです。あまりにも汎用ソフトですが、工夫次第ではできることも少なくありません。しかし、限界があります。今後は、AIソフトで自ら学習を重ねて行くでしょう。画像を読み込んで、これはいくら（¥,$）です、とAIチャットが答えるのでしょうか？

　今後は、Pythonなどによるデータ解析や画像認識などが主流になるのでしょうか。コストテーブルのフレームワークやアルゴリズムを意識したアプリが開発されると予測されます。より簡便・迅速な使いこなしをガイドするでしょう。回帰分析型コストテーブル案などは、AIチャットが答えてくれるでしょう。試行改良は既に始まっています。

　いずれは価格交渉アプリが普及して、AI買い手とAI売り手が丁々発止やりとりするのでしょうか？　それとも設計技術や工学を取り込んで、ずっと高度な技談アプリがでるのでしょうか？

6-2-4　AI コストテーブル？　　artificial intelligence

　AI は、何を考えどのように計算するのでしょうか？　AI コストテーブルのバイアス（偏見）は少しはあるとしても、学習を積み重ねてゆけばいずれ購買熟練者を上回る良い判断をするでしょう。

　AI コストテーブルに図面を見せれば、コストを見積もる。現品や画像を見せれば、AI がコストを見積もる。チャット AI が、"このようにコスト見積しました！"と答えます。ものづくりの工程画像を AI に見せて学習させれば、コストを査定してカイゼン・ポイントを指摘し、その効果を試算します。どれだけのロスがあるかも、チャット AI が解説するかも知れません。購買ではそれをどのように利用するのでしょうか？

　画像や現物を見せれば、AI が購入価格予測値を提示するのでしょうか。しかし、どんな対象でもできる万能ナベのようにはなかなか難しいでしょう。それとも、チャット AI が、いくつかの質問を発信し対話形式で変数を聞き出して、コスト見積が行われるのでしょうか？

　AI への問いかけ方にも課題があるでしょう。より賢い問いかけによって、AI の使いこなしの巧拙がでると予想されます。どんな良い道具も、ユーザーのリテラシー（Literacy）が問われるのはいつの世も同じかも知れません。AI なら必ずうまく行くとは限らないでしょう。AI がこう言っています、それだけではいかがなものでしょうか。

　回帰型コストテーブルは、いずれ AI コストテーブル・アプリが作成するでしょう。購入実績とコストドライバを学習させれば、統計や分析はお手のものです。しかし、それをどのように活用するかが問われます。

6-2-5　サプライヤ連携　　　　　collaboration

　コストテーブルをサプライヤと共有するなんて、とんでもない！コストテーブルの数値は企業機密情報ですよ。しかし、手の内を見せあってでも、企業競争力と協創力を高めることが求められています。

　設計開発チームから重点サプライヤへの期待に、新製品の部材設計について概要を示して詳細設計を支援してもらうゲストエンジニアという取組みが行われています。設計と一緒になって、サプライヤの技術者が作図を行います。また、遠隔地でも CAD-CAD でのコラボレーションもあります。これにコストテーブルを組み込んで、原価企画に対応する事も可能です。"共有はとんでもない"では済まされません。

　"技談"という取組みも行われています。売り手と買い手の立場を超えて、技術をベースにした目標原価達成の知恵の出し合い・融合です。この取組みができるサプライヤは、単なる下請け企業ではなく技術能力の高い自立型企業です。買い手側の購買の技談能力も問われます。どんなに優れたサプライヤと連携しようとしても、買う側の知力が伴わなければ"技談"は成立しません。

　AI コストテーブルができても、それを使いこなすのは人です。どのサプライヤと連携して、どこを目指すのか、何を実現するかの意志を明確に示す必要があります。それが購買戦略です。より具体化したものが、調達部材群別購買戦略です。さらにサプライヤ再編成計画もあり、調達リスクマネジメントもあります。どのサプライヤと手を組んで購買の使命を達成するかの意志こそが中核にあるべきです。サプライヤとの連携が良く機能しなければ、購買の存在価値は大幅に低下します。

6-2-6　購買脳を高めるコストテーブル

　PCS という古典的な概念ではなく、グローバルライトハウス（Global Lighthouse）という評価があります。これは世界経済フォーラム（WEF）によるもので、製造業のお手本となる工場を認定しています。

　ライトハウスとは、模範(指針)となる「ものづくり現場」であり、「自動化による生産効率向上」、「人材育成や働き方」、「企業や業界の持続可能性」などの視点で評価・認定されています。第四次産業革命（Industry 4.0）を実践した先進的なスマート工場ということでしょう。この事例を参考にして原価積算型コストテーブルが作成されれば、サプライヤが目指す指針となるでしょう。

　情報を利益に変える購買脳は、ものづくりについて"こうあるべき"指針を示すことが必要です。今やPCSの仮想工場は、グローバルライトハウスのコンセプトの中に設定されるべきモノとなりました。その工場は、自動化・IOTによるマスカスタマイズ（顧客仕様対応の混流生産）・環境対応・人材育成などの取組みがあります。それらを良く理解しなければ、コストテーブルの根拠が揺らぎます。それらを熱く語れなければ、信頼は得られません。購買脳を高める必然です。

　グローバルライトハウスの視点は、買い手企業もサプライヤも同じです。相互に連携しあって利益・成長・ガバナンスによる企業持続を目指します。サプライヤとの接点は、購買です。いくらで買うべきか？の"ものさし"は、購買脳の知識と意志で設定し活用する重要な仕掛けと仕組みなのです。コストテーブルを作り、サプライヤとの架け橋として機能させて共益協創する取組みは、購買だからできる・購買しかできないことです。

6-3　CAD-CAD-CAM 連携

　CAD 設計では、コスト見積の変数（コストドライバ）のほとんどの情報が得られます。製作ロット数と賃率以外は得られます。製造方法やモジュールの分割、部品としての分割、組み込むセグメントなどは意図的に決める必要がある場合も少なくありませんが、CAD 情報があれば、少しの入力でコスト見積は可能です。

　買い手が必要とする基本機能をサプライヤに提示して、詳細設計を提案してもらう時代となって久しく時間が過ぎました。CAD-CAD によるサプライヤとの技術連携は容易にできます。そのゲストエンジニアの設計の途中で、詳細製図と同時にリンクしてコストテーブル・アプリが動き、原価見積りができる時代となりました。

　これらの連携によってサプライヤは、CAD-CAM の実績を踏まえて、買い手の設計構想や図面案へのデザイン・イン営業を積極展開できます。IE や VE 提案が新しい図面に創り込まれ続きます。この協創ができる企業とできない企業とでは、競争力は圧倒的な差となるでしょう。コストテーブルという呼び方に問題があるかも知れませんが、設計途中でコスト計算アプリを CAD にリンクして動かせる時代となってきました。

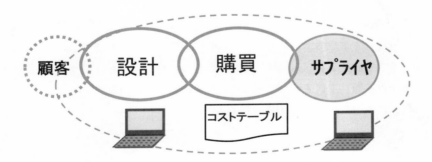

6-4　目標価格逆算コストテーブル　　Design to cost

　量産開始後にコストダウンに取り組む努力は大切ですが、開発設計段階での原価企画という取組みがあります。コストテーブルでの目標値逆算アイデアの試算値をうまく活用できれば容易となります。

　常に VE 思考できる原価積算型コストテーブルは既に存在しているようです。目標値を入力して、コスト試算の過程で複数の VE 案を自動的に試算できる仕掛けが組みこまれています。この試算はあくまでヒントのようなもので、更なるアイデアを誘発するトリガーとなることへの期待です。当然ですが、品質特性との兼ね合いや他の部品との関連も精査が必要ですので、単純に具体化される訳ではありません。

　コストドライバ / アイデア集 DB の蓄積共有が充実していることが前提となります。一気に目標原価を達成するアイデア出せるとは限りませんが、図面案の段階でコスト査定と併せ複数のアイデアとその効果額が出る工夫は、設計支援に有効です。成り行き価格交渉を精一杯努力するやり方とは一線を画す取組みです。

　業種にもよりますが、開発する新製品は、かなり多くの構成部品やソフトウエアから成り立ちます。その中の数点がうまくできても、原価企画の課題は解決しません。目標価格逆算のコストテーブル対象を増やして普及させ、その稼働率を高めてゆく中期的な挑戦が必要です。コストテーブルのインテリジェンス化は、できない理由よりも、できる工夫こそが重要です。何を考えてどう選択するか、どんな投資をするかは、部門責任者の覚悟次第です。

7章
コスト管理のありかた

☆　問われる購買責任者の構想力・企画力
☆　購買の成果は何時間働いたか、では決まらない
☆　サプライヤを含め、お互いが学び成長する制度設計か

7-1 コストマネジメントの制度設計　system design

　コストマネジメントの制度設計は、何を、どうあるべきか？購買部門の成果は、組織の人の総和では決まりません。何時間働いたか、でも決まりません。何を考えて、どのような仕掛けと仕組みとすべきか、購買責任者の本気度が試されます。購買は指示されたことをやるだけの集団であっては残念な結果となります。

1. 値決めは、どう取り組むか：相見積りを踏まえて価格交渉するだけではなく、コストテーブルで自ら見積りして"技談"を活用して共益協創を取り組む　・・対立を協創へ変えて利益を創る！

2. 購買戦略は、何を考えてどう取り組むか：サプライヤ評価を活かして、どの会社とどんな具体策を実現するかを明確にして、購買戦略会議で議論し進める　・・戦略は実現の意志である！

3. 購買データベースは、どう構築するのか：設計 E-BOM と連携し購買 P-BOM を整備蓄積し維持管理する　・・情報を利益に変える！

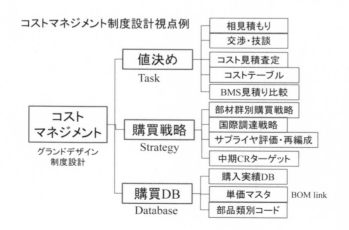

コストマネジメント制度設計視点例

7-2 コストマネジメントのKGI/KPI

　コストマネジメントをゴール（目的・KGI）として、それを実現するための主要な方策（KPI）は、何と何があるでしょうか。購買は人を動かして原価を動かし、時に世の中を動かして使命を達成します。

1. コストダウンについて：　原価企画で製造原価などをあらかじめ決めておいて管理する取組みです。また、年間のコストダウン金額予算管理で、事業所、調達部材群別の取組みも行います。

2. 人材教育について：　技談の取組みを含め、価格交渉のやり方を高める研修は必須です。戦略会議で何をいくらで買うか、具体的スキルをOJTで磨き高める取組みです。

3. インフラ整備は：　知の現場である購買部門にとって生命線です。竹ヤリでは活躍を期待できません。Mission critical DB です。

4. サプライヤ連携は：　パートナシップの信頼関係が無ければ、購買使命実行は困難です。連携は会社の利益を稼ぐエンジンです。

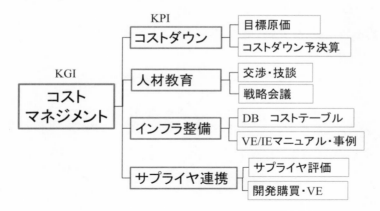

7-2-1　原価企画とコストダウン

　コストマネジメントの企業文化　コストダウンの定義は？

　コストダウンや値決めのやり方は、企業によってそれぞれの文化があります。業種業態によっては、かなりの違い多様性があります。コストダウンの取り組み方やその能力も大きく異なります。興味深いのは、コストダウン金額の集計にあります。

　調達部門の努力の評価として、コストダウン金額が指標の1つにあります。前回の発注単価と今回の単価を比較して、コストダウン金額を自動積算する仕組みを多くの企業が維持しているようです。

　量産の初期は手配ロット数が小さく、価格も割高の値決めが一般的です。本格量産となると生産量もそれなりに多くなりコストダウンが進みます。それがコストダウンの努力効果として評価されるのです。

　しかし、当初から量産を前提にして厳しい価格で値決め契約が行われる企業も少なくありません。厳しい原価目標をなんとかして当初から実現すべく、サプライヤと協創して取り組んでいる場合が多いのです。コストダウンの努力金額ではなく、原価目標の実現努力なのです。これは、原価企画の制度がある企業とない企業の違いです。

7-2-2　目先の価格交渉と数年先の交渉　middle term

リンゴは 2 年目の小枝に実が成る、梨は 3 年目の小枝に成る、梅は、桃は？　半年や 1 年くらいでは、実はならない。このことから、コストダウンの取組みも学べる事があります。

2 ～ 3 年後のコストダウン成果は、今から考えて手を打つ必要があります。目先の価格交渉に一喜一憂していては、大きな成果は得られません。ミドルタームのターゲット、3 ～ 5 年後の目標価格をも設定して取り組む必要があります。

目先の価格交渉の綾もあります　　　micro management
・量産品受注のため、今回の交渉は妥協しよう。
・試作品、小ロットで、赤字でも受注しよう、
・別のアイテム受注を狙って、後で取り返す
・次回の量産見積りに上乗せしよう　・・・こんな話しもあります。

10 年後のコストマネジメントは、どうあるべきか？フューチャーデザイン（Future design）です。Next10 には AI 購買と AI 営業担当者が、どんな価格交渉をするのでしょうか？お互いの妥協点をめぐって交渉戦術をやりとりするのでしょうか？　それとも、目標原価を実現すべく共益協創の取組みに知恵を出し合う（協創する）のでしょうか？

ミドルタームの取組み

7-2-3　サプライヤとの連携力が必須

　企業の経営資源とは、"ヒト・モノ・カネ" と久しく言われてきました。21世紀には "情報（データ）" の時代と言われています。購買部門の使命（mission）は、その昔 "QCD" と言われてきました。今でも QCD は重要な核であることに違いありません。しかし、E：環境・e：電子取引・M：安定調達・リスク管理に加えて、S：技術情報サービス・技術連携が必須重要となりました。これらを実行するのはサプライヤです。このことから、サプライヤも企業の "経営資源" なのです。

　QCDeESM、これら各項目で成果をあげるのは購買部門ですが、その成果を得るために実行するのはサプライヤです。サプライヤの本音を聞く力、信頼関係構築力、サプライヤとの連携による共益協創力は必須です。言いたいことを伝えているだけでは成果は得られません。サプライヤと対話→協議→連携し共益協創へと取り組むべきです。

　近年、円安・エネルギーコストアップ・インフレなどにより、サプライヤからの値上げ要請も多くなりました。値上げ要請の協議すら応じない企業が多いとの新聞報道（2023年）がありました。買い手側値下げ要求の都合良い話しを優先して、サプライヤからの値上げ要請にはできるだけ取り合わずの姿勢は、フェアネス（Fairness）とは言いがたく、信頼関係どころか、人として企業としての人格を問われます。

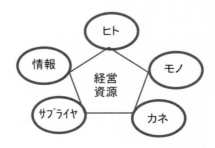

7-2-4　サプライヤが喜んで協力する

　知能労働では、直接ものを作ったりしません。その人のミッションを達成するためには、「人を動かす」ことから全てが始まります。人を鼓舞させるには、喜んで協力してくれる要件を満たす必要があります。

　関係者を巻込んで進めろ！という声をきくことが少なくありませんが、巻込まれてうれしい人はいません。サプライヤが喜んで協力する仕掛けと仕組みとはどのようなことでしょうか。

　サプライヤは仕事が必要です。しかし、対象案件を取り組んでも利益が出なければ受注しません。それなりに利益が必須です。たとえ利益が少なくても、その仕事を取り組むことによって、次の仕事につながることができれば、喜んで協力するでしょう。

　無理難題でも、それを乗り越えて達成できれば、
固有技術が高まります、管理技術が高まります。
研究開発で、人脈や新しいつながりができます。
異業種・他業界への参入機会が開かれます。
強靱な企業文化がつくれます。
その積み重ねで信頼関係が高まります。
これらの見えざる利益が、人を動かします。

サプライヤが喜んで協力する
　見える利益
　①対象案件による利益

　見えざる利益（競争力）
　②固有技術の向上
　③管理技術の向上
　④人脈・つながり（協創力）
　⑤異業種・他業界への参入機会
　⑥企業文化・人材育成支援
　⑦ブランド・信頼育成

7-3　知のインフラと購買脳

　コストテーブルは単なる“ものさし”や“参考資料”ではありません。組織で共有する重要インフラの一つなのです。　mission critical：任務や業務の遂行に必要不可欠な要素。　コストテーブルとは、原価を動かす・人を動かす・価値を高める「知のインフラ」なのです。

　購買は情報を利益に変える！　関連する情報を捉えてコストで評価し利益を創造する。設計開発部門と連携する、サプライヤと共益協創する。そのために知の道具・コストテーブルが必要です。設計開発部門も購買部門と同じようにコストテーブルを必要とします。もちろん、サプライヤも見積りや VE 提案のためにコストテーブルを必要とします。単に値引きや見積書のチェックを超えて、製品の価値を高めるため、企業の価値を高めるため、関係者（個人）の価値を高めるために必須の「知のインフラ」、知財なのです。

　単なる道具としての認識ではなく、「知のインフラ」として取り組む制度設計の良し悪しが企業の利益を左右します。良いコストテーブルがあったとして、活用するひとづくりはどうしたらよいのでしょうか。

　購買脳は工学とそろばん、知的熟練（労働経済学者の小池和男氏の言う日本のものづくりを支えてきた人々）が今でも必要とされます。日本の戦後復興期から 1990 年頃のバブル経済期まで、ものづくり現場で働く人をブルーカラー、設計や事務・管理職をホワイトカラーと呼んだ時代がありました。購買の人は何と呼ばれていたのでしょうか？納期や品質を確保するためには、とにかくサプライヤの現場へ行くことが多かったように思います。しかし今やテレワーク、メールやグローバル化でますます現場は物理的・心理的にも遠くなりました。

7-3-1　購買脳はライトブルー人材か

　ブルーカラーではない、しかし単にホワイトカラーでもない購買の知的熟練・購買脳は、どのように考えたら良いのでしょうか？知識と能書きを振り回してもサプライヤは協力してくれません。現場の苦労を知って課題解決策を提案し対話して得られる情報（現場粘着性の高い情報）を利益に結びつける。これを購買脳と考えます。

　ブルー人材が行ってきた現場の単純労働はロボットが行う時代、いや複雑な熟練労働（高精度で3次元加工など）こそロボットが代替えしています。一方でホワイト人材がこなしてきた仕様書やデータを読み解き判断や意志決定は、今や膨大な情報処理をコンピュータとAIシステムにいとも簡単に代替えされる始末となりました。

　新たに「ライトブルー人材」という概念があるそうです。ホワイトカラーも時には現場に入り込んでブルーカラーと対話して知的熟練し、情報を利益に変える（利益創造）の取組みができる人材。設計部門と連携しながらサプライヤとも連携して知恵を集めて融合する「共益協創」を取り組める人材。これが購買部門の求める人材像と思います。
ライトブルー人材の提起は、東京大学准教授の大木清弘氏および早稲田大学教授の藤本隆宏氏によるものです。

　売り手と買い手、AI営業とAI購買が丁々発止で価格交渉を展開する時代がそこまで来ているのでしょうか？サプライヤの営業は事前に、売り込み先の企業情報をAIに学習させて交渉攻略をあおるでしょう。買い手側は開発購買という手法を持て余し、AIに値引き交渉戦略を磨かせるのでしょうか。AI営業対AI購買の交渉の行方も気になりますが、「ひとづくり（新しい人材育成）」の行方はどうなるのでしょうか？

7-3-2　購買脳が発達するか、劣化するか

　適正価格を指向する工学を含む総合知が購買脳です。一円でも安くしたい値引きの取組みでは、信頼はおろか企業の信用をおとしかねません。購買関係者は胸に手を当てて考える必要があります。

　コストテーブルがあることで、常にコスト意識回路が活性化して、購買脳回路が太く充実化が進展します。購買知力が高まります。コストテーブルが身近にあると、VE/IE/TD/BM 検討が日常化してきます。

　コストマネジメントは "カネの勘定" "そろばん" そのものではありありますが、それに作用する要因や視点は多様です。OECD（経済開発機構）の重視する教育施策 STEM は、社会人として活躍できる人材を指向しています。互いに高め合い互いに磨き合う工夫が肝要です。

　物件ものの値決めについて、どう考えますか？　物件もの、一品ものだから量産品より価格が高くてあたりまえ、という話しを聴きます。あらかじめ準備した材料、設備・機械を使って製作するのなら、繰り返しのものづくりです。例えば、大きさが違う、形状が違う、構造が違う。でも繰り返し生産です。考えようでは、量産です。できない言い訳100 通り、やらない言い訳 100 通り、できる工夫も 100 通り、です。

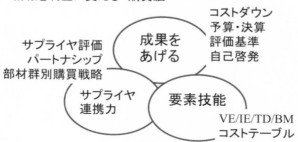

7-4　購買プロフェッショナル

　企業はビジネス競争を勝ち抜かなければなりません。企業永続の要件は、①利益　②成長　③統治といわれております。コストを知り、コストを管理することは購買に関わる者の重要な命題です。

　より安い価格で調達することを常に考えて取り組む必要があります。そして、その技能を高めるために、知識と技術や技能を高め磨く取り組みが求められます。能力（スキル）を高め磨くことに妥協せず取り組む人を"購買プロフェッショナル"と呼ぶにふさわしいと考えます。

　強引な値引きや巧妙な駆け引き、サプライヤの足もとを見た競合などを行うことではありません。安けりゃあ良い・・・でもありません。
購買に関係する人は、コストについて避けていては存続できません。いや、ビジネスの全てで、コストの意識を避けては存続できないのです。それなりに意味あるコスト（Reasonable cost）こそ重要です。

　購買部門の使命（mission）は沢山ありますが、主なものは Q（品質）・C（コスト）・D（納期）です。それぞれが重要なテーマです。Q: 不良品を受け取ってはどうにもなりません。クレームやリコールでは企業存続が危ぶまれます。D: 必要な時にモノがなければ営業の機会を逸し損失が増大します。C: コストが高くては企業利益がなくなります。コストテーブルでコストの課題を全て解決することはできませんが、必要不可欠な企業インフラであります。日常生活の道路や電気のようになくてはならない社会基盤のような、企業の「知のインフラ」なのです。

7-4-1　"知っている"と　"できる"は違う

　２０世紀、昭和の時代（1960 ～ 80）に、購買部門のコスト管理の稚拙さを揶揄する言葉に「KKD」というのがありました。仕事の進め方が、K: 経験、K：カン、D: 度胸、でやるという意味です。

　これは、理論的ではなく、科学や工学を活用できない稚拙な事でした。これからは、変えよう、早く科学的な根拠に基づくコスト管理をしよう、という日本中のビジネスマンへの励まし合いの合い言葉でした。当時のKKD には、２つの意図がありました。一つは、科学的でないことへの稚拙さ、もう一つは、勉強しようねとの励ましでした。あれから数十年、今は２１世紀となりどれだけ進歩しただろうか？　進化できた企業とそうでない企業があります。多くの購買担当者は仕事と勉強に励んで、当時としては世界一高度なコストテーブルが沢山ありました。

　しかし、コスト管理の制度設計に甘さがあった企業が多かったと推測されます。これは、ベテランの知識を企業の財産として認識せず、継承しなかった部門責任者が多かったのです。いつしかベテランは去り、更新されないコストテーブルが残りました。制度設計すらできていない企業は、１円でも安くと励ますことしかできないでおります。

　"知っている"と、"できる"は違います。できていても、確実に成果を出せるレベルかどうかが問題です。メンバーシップ型雇用からジョブ型雇用への転換が、日本企業でも進むでしょう。そして優秀な人材が増加することを望みますが、コストマネジメントの制度設計については、課題が残ります。個人の高いスキルを組織の能力に結びつけるためには、コストテーブルを、組織の共有知財として管理する制度設計が必要です。

7-4-2　工学とそろばんで　スキルアップ

　生産性を高める工夫は“工学”にあります。“そろばん”片手に工学の組合せが、コストテーブルだと思います。工学とそろばんの相乗効果が議論し合う関係者のスキルアップに有効です。

　相乗効果のスパイラルでお互いに学び磨かれます。どちらか一方の取組みでは、関係者の協力には限界があります。買い手と売り手が単なる商談を超えて“工学とそろばん”でスキルアップを図ることをお勧めいたします。

　科学は、事象を、ああそういうことなのと観察実験し理解。Science
技術は、知っているを、できるにする方法や道具装置。Technology
工学は、科学と数学を使いこなして、価値を高める工夫。Engineering
工学は広範囲ですが、購買に必須の購買脳（工学）を説明します。

ＶＥ：価値工学・なぜそうするの・何が重要か・目的と手段の最適化
IE: 生産工学・もっと効率的に・ムダムリムラ排除・PDCA、カイゼン
QM: 品質工学・良いモノを確実に・問題解決なぜなぜ・不良の歯止め
BM: 比較分析・類似多様性比較・何に戦略的か・何が競争優位か
MKT: 市場創造・モノを売るからチエを売る・サービス企画・価値創造

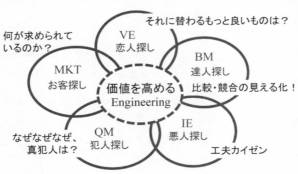

7-5　BOM 連携とコストテーブル

　設計の図面案のコスト査定にもコストテーブルが使われています。それができるなら、設計の途中で CAD データによってコスト査定を自動で行得ことも可能となります。CAD データによって BOM（設計部品情報）が形成されているならば、PBOM（購買部品情報）とのデータリンクできます。それによってコストテーブルともデータ連携ができます。

　BOM 連携によって、購買部門から設計へのコスト査定情報が提供できます。更に、原価企画の目標値を実現するための IE/VE 提案の提供も可能となります。

　BOM：Bill of Materials 部品表、部品構成表です。BOM 連携がコストマネジメント能力を高めます。各 BOM について説明します。
・E-BOM 設計部品表　・階層型（structure）やフラット型（summary）がある。CAD 情報より出力したデータで作成する場合が多い。
・M-BOM 製造部品表　・組立ユニットや基板単位の構成や手順（加工内容）など製造に必要な情報を記載
・P-BOM 購買部品表　・見積りや発注契約に必要な条件を記載。
　コストテーブルに必要なコストドライバ項目も取り込む企業が多い。
・S-BOM ソフトウエアの構成一覧表、又はサービス部品表の場合も

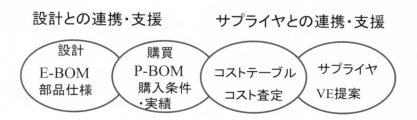

設計との連携・支援　　　サプライヤとの連携・支援

設計
E-BOM
部品仕様

購買
P-BOM
購入条件
・実績

コストテーブル
コスト査定

サプライヤ
VE提案

7-6　コストマネジメントの継続性

　コストマネジメントをやってみたが、うまくできなかった。どうしたらよいか検討したが、できなかった。やろうとしなかった。これは、何が問題なのでしょうか？コストテーブルはあります。しかし、あまり活用されていない。あれは"ものさし"だから、問題があったらチェックすれば良いのでしょうか。

　このような実態になっているのはなぜでしょうか？購買部門責任者にとっては不都合な事実をどのように対応しようとしているのでしょうか？　いくつかの原因があると思われますが、その一つの原因に購買部門責任者の任期が比較的短期間で中長期の戦略が立てにくい事があります。さらに責任者としての見識が足りないことがあります。では何からどう変えていくべきなのでしょうか？

　目先のコストダウンだけでなく、Next10、20年後の英知をつなぐ展望を考えることが重要です。なぜならば企業永続の3要件、利益・成長・ガバナンス、この利益の柱となるコストマネジメントの継続性について、どうあるべきか、取組みの覚悟と胆力が問われています。とがった制度を試す器量も時に必要で、購買責任者の力量が問われます。

コストマネジメントの制度設計

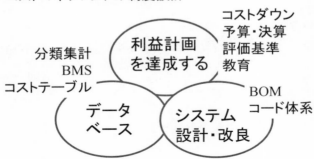

7-6-1　お互いが学び成長する

　業種業態によって一様には言えませんが、目先の商談案件は1つですが、実務では数十、数百、・・・と案件は継続します。価格交渉で大きく妥協したサプライヤは、以降に何を考えどう対処するのでしょうか？同じような妥協を数回経験すると、どのように身構えるのでしょうか？その商談の取組みで信頼関係は増すのでしょうか？

　技談では、IE アイデアはものづくりの原価に直接作用します。VE アイデアは設計デザインに作用して、コストダウンを提案します。売買価格（price）の増減をどうするかではなく、製造コスト（cost）に直結する知恵の出し合いに意味があります。

　技談による交渉も、目先の案件は一件落着しますが、お互いに出し合った知恵と知見は次第に積み上がってゆきます。それが次の案件に再利用される複利循環が継続されます。その結果がお互いのビジネス競争力と協創力を高めて信頼関係が深まります。お互いが学び成長する良い関係です。

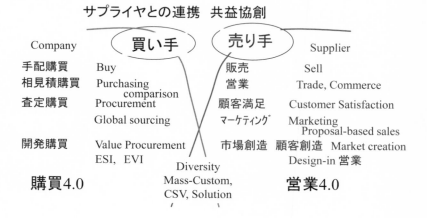

7-6-2　コストマネジメントの評価表　　self management

　PDCA の Check，何ごとも管理するには実態の評価分析が必要です。やりっぱなし、良きに計らえ、では管理になりません。不都合な事実があれば、謙虚に修正したほうが生産性が高まり、関係者は学んで成果が高まって幸せになります。

　セルフチェック（自己診断）は気軽にやってみることをお勧めです。管理されるよりも、自己診断で自律的に地道に向上させることが効果的と考えます。常に複数の視点でものを考え、データで思考すると良いでしょう。PDCA でカイゼンするだけでは心許ないかもしれませんが、革新や飛躍だけを望んでも、いかがなものでしょうか？

　コストマネジメント７つの視点は、あくまで参考です。業種業態によって視点は異なりますが、購買組織のどの立場であっても理解しておくべき視点と考えます。購買使命の中核（QCD）の Cost 管理です。購買は原価を動かす、人を動かす、世の中を動かす、時には上司を動かす。

コストマネジメント総合力　評価表

巻末資料

巻末資料

2. 評価表　　評価の視点、項目などは参考例です。

2-1.　コストダウンアイデア集　評価表

2-2.　技談・交渉の取組み　評価表

2-3.　サプライヤとの連携　評価表

2-4.　設計との連携　評価表

2-5.　コストテーブルの活用　評価表

2-6.　回帰分析型コストテーブル　評価表

2-7.　原価積算型コストテーブル　評価表

2-8.　コストテーブルの管理　評価表

2-9.　調達品群別購買戦略　評価表

2-10.　コストマネジメント　評価表

1-1. 精密板金（NCT）

精密板金（NCT）

メモ データは仮のもので

入力　　　　　　　↓

		材料名、数

1 材料は　　　　　　SPC

2 材料厚みは　　　　1.2 mm

3 A寸法は　　　　　250 mm

4 B寸法は　　　　　450 mm

5 穴や切り欠き　　　90 回・hit

6 折曲げや溶接　　　4 回数

7 手配ロット　　　　50 個

材料	
SPC	
SS41	
SS41	
SUS	
AL-P	
BSP-	

計算結果

材料費	128.0	
加工費	73.3	
管理費	40.3	
利益	34.2	
単価 ¥	**275.8**	

板金NCT

利益 12%

管理費 15%

材料費 46%

加工費 27%

手配ロット	管
1	
3	
5	
10	
30	
50	
100	

管理費は　環境

す！実際の数字を入力願います。　　　　　　　V2.0B 50521 C

字は変えられます。

¥/kg	比重
120	7.9
110	7.9
100	7.9
250	7.9
650	2.7
580	5.3

NCT　　チャージ　　サイクルタイ 段取時 色替え

*選定	ton	¥/h	sec		
1	NCT-1	4,000	0.4		
2	NCT-2	5,000	0.5		
3	NCT-3	6,000	0.7		
4	NCT-4	7,000	1.2		

*選定	プレス	¥/h	sec
1	PS-1	3,000	10
2	PS-2	4,000	14
3	PS-3	5,000	20
4	PS-4	6,000	30

理費	利益
1.00	1.00
0.85	0.50
0.70	0.30
0.50	0.25
0.30	0.20
0.20	0.17
0.17	0.15

管理費を含む

材厚/mm	*選定
0.8	1
1.0	1
1.2	1
2.0	2
2.3	2
3.2	2
4.6	3
6.0	3
8.0	4

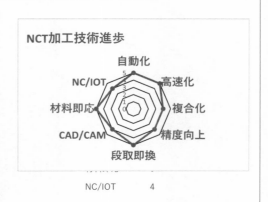

NCT加工技術進歩

自動化 / 高速化 / 複合化 / 精度向上 / 段取即換 / CAD/CAM / 材料即応 / NC/IOT

NC/IOT　　4

1-2. 板金加工（筐体）

板金（筐体）

メモ データは仮のもの

入力　　　　　　　　↓

1	材料は	SS41	
2	材料厚みは	3.2	mm
3	ブランク面積	0.6	㎡
4	レーザーカット	1.0 総周囲長さ・m	14 sec
5	曲げ加工など	6 回数	カット時間↑
6	溶接・歪取り	45 溶接長さ・cm	6.8 min
7	手配ロット	3 個	溶接歪取り時間↑

材料名、

材料
SPC
SS41
SS41

計算結果

材料費	1,668.5
加工費	568.9
管理費	894.9
利益	447.5
単価 ¥	3,579.8

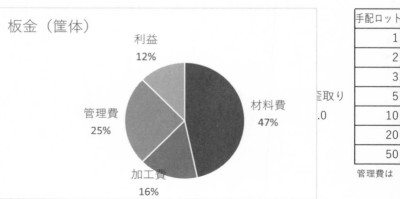

板金（筐体）

利益 12%

管理費 25%

加工費 16%

材料費 47%

歪取り
.0

手配ロット
1
2
3
5
10
20
50

管理費は

です！実際の数字を入力願います。　　　　　　V1.0 53321　B

数字は変えられます。　　　　NCT　　チャージ　　カット

¥/kg	比重
120	7.9
110	7.9
100	7.9

*選定	ton	¥/h	sec/m		
1	NCT-1	4,000	12.0		
2	NCT-2	5,000	14.0		
3	NCT-3	6,000	16.0		
4	NCT-4	7,000	20.0		

曲げ加工・溶接　　　曲げ　溶接　歪取り

*選定	プレス	¥/h	sec	sec/cm	sec/cm
1	PS-1	3,000	10.0	3.0	4.0
2	PS-2	4,000	12.0	4.0	5.0
3	PS-3	5,000	14.0	6.0	6.0
4	PS-4	6,000	16.0	8.0	6.0

管理費	利益
0.50	0.30
0.45	0.25
0.40	0.20
0.30	0.18
0.20	0.17
0.15	0.15
0.13	0.15

環境管理費を含む

材厚/mm	*選定
1.6	1
2.0	1
2.4	1
3.2	2
4.6	2
6.0	3
8.0	3
12.0	4
16.0	4

参考推測
技術進歩

自動化	5
高速化	5
複合化	4
精度向上	4
段取即換	5
CAD/CAM	4
材料即応	5
NC/IOT	4

1-3. 板金加工（製缶）

板金（製缶）
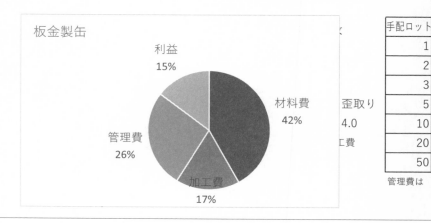

メモ データは仮のもの

入力　　　　　↓

1 材料は	SS41			
2 材料厚みは	6.0	mm		
3 重量	50	kg		
4 溶断	1.3	総周囲長さ・m	2.6 min	
5 曲げなど	6	回数	カット時間↑	
6 溶接	120	溶接長さ・cm	16.0 min	
7 構造複雑さ	一般		溶接歪取り時間↑	
8 手配ロット	2	個		

計算結果

材料費	5,500.0
加工費	2,220.0
管理費	3,474.0
利益	1,930.0
単価 ¥	13,124.0

材料名、

材料
SPC
SS41
SS41

板金製缶

利益 15%
材料費 42%
管理費 26%
加工費 17%

歪取り 4.0
工費

手配ロット
1
2
3
5
10
20
50

管理費は

です！実際の数字を入力願います。　　　　：　　　V1.0 53421　A

数字は変えられます。

¥/kg	比重
120	7.9
110	7.9
100	7.9

構造	係数
一般	1.00
汎用	0.95
複雑	1.20
特需	1.45

管理費	利益
0.50	0.30
0.45	0.25
0.40	0.20
0.30	0.18
0.20	0.17
0.15	0.15
0.13	0.15

環境管理費を含む

			チャージ	カット
*選定	ton	¥/h	sec/m	
1	NCT-1	6,000	120.0	
2	NCT-2	7,000	140.0	
3	NCT-3	8,000	180.0	
4	NCT-4	10,000	200.0	

曲げ加工・溶接

			曲げ	溶接	歪取り
*選定	プレス	¥/h	sec	sec/cm	sec/cm
1	PS-1	6,000	10.0	4.0	4.0
2	PS-2	7,000	12.0	5.0	5.0
3	PS-3	8,000	14.0	7.0	6.0
4	PS-4	9,000	16.0	9.0	6.0

材厚/mm	*選定	重量/kg	係数	参考推測 技術進歩	
3.2	1	20	0.90		
4.6	1	30	0.95	自動化	5
6.0	1	50	1.00	高速化	5
8.0	2	70	1.02	複合化	4
10.0	2	100	1.05	精度向上	4
12.0	3	120	1.08	段取即換	5
16.0	3	150	1.10	CAD/CAN	4
24.0	4	200	1.12	材料即応	5
32.0	4	500	1.20	NC/IOT	4

1-4. プラスチック成形品

プラスチック成形品　　　メモ データは仮のもの

入力　　　　　　　　　↓

1	材料は	ABS	
2	重量は	25.0 gr	成形機/ton
3	投影面積は	100.0 c㎡	37
4	金型ケ数取り(ケ)	1　2以上の場合、投影面積変更	
5	最大肉厚みは	2 mm	参考 成形sec
6	手配ロット	5,000	22.00

成形時間　単価¥/gr
31.26　　0.43

計算結果

材料費	3.0
加工費	4.2
管理費	2.2
利益	1.4
単価　¥	**10.8**

材料名、

材料
ABS
AS
PC
POM
PP
PET
PPE
PPS
PBT
PC-FR
AC

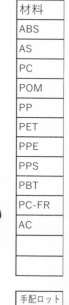

プラ成形品

利益, 1.4, 13%

材料費, **3.0, 28%**

管理費, **2.2, 20%**

加工費, **4.2, 39%**

替 h　0.2

形費¥/p　4.19

益　1.44

手配ロット
50
100
500
2,000
5,000
10,000
30,000

管理費は

profile are

です！実際の数字を入力願います。　　　　　　　　50421　B

数字は変えられます。投影面積　成形機　チャージ　　　サイクルタイ　段取時｜色替え

¥/kg		cm²	ton	¥/h	sec	h	h
120		10	5	500	12	0.2	0.10
110		20	10	550	15	0.2	0.10
300		30	15	600	20	0.3	0.15
280		100	37	670	22	0.5	0.20
100		150	50	750	25	0.8	0.25
120		240	75	900	30	1.0	0.25
380		300	100	1,000	35	1.3	0.30
650		500	150	1,150	40	1.5	0.30
380		600	200	1,350	45	2.0	0.40
450		800	250	1,500	50	2.5	0.40
200		1,000	350	2,000	60	3.0	0.50
		1,200	450	2,500	65	4.0	0.50
		1,500	600	3,500	70	5.0	0.60
		2,000	800	5,000	75	5.0	0.70
		2,500	1,000	6,500	80	5.0	1.00

管理費	利益
3.00	1.20
2.00	0.70
1.50	0.40
0.50	0.25
0.30	0.20
0.20	0.13
0.17	0.12

厚み/mm	補正/sec
2	0
3	2
4	3
5	4
8	8
10	12

面付け型

1	
2	
4	
6	
8	
10	

技術進歩	
自動化	4
高速化	5
複合化	4
精度向上	4
段取即換	3
CAD/CAM	4
材料即応	3
NC/IOT	4

環境管理費を含む　　　　*1 成形は自動運転　3～5台/人　想定

a　　　　　　　　　　　*2 サイクタイムは、ドライサイクル＋平均的な射出

1-5. プラスチック成形金型

プラスチック成形金型

入力　　　　　　　　↓　　　　　　　　　　　数字は

1 投影面積は　　　　　　150　　面付けの場合は合計を

2 形状の複雑さ　　一般的　　　　　　　　　成形機/ton

3 型スライド　　　なし　　　　　　　　　　50

4 精密さ　　　　　精密

5 型寿命　　　　　一般的

6 手配数　　　　　　　　1

計算結果

材料費	120.0	
加工費	300.0	
管理費	105.0	
利益	126.0	
単価　K¥	**651.0**	千円/セット

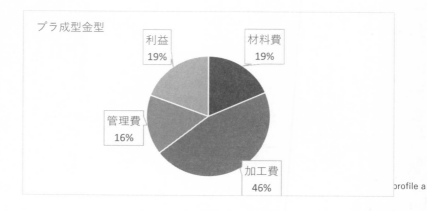

プラ成型金型

- 利益 19%
- 材料費 19%
- 管理費 16%
- 加工費 46%

のです！実際の数字を入力願います。　　　　　　　　C 60121

変えられます。

	複雑さ	係数
1	単純	0.8
2	一般的	1.0
3	複雑	1.5
4	超複雑	2.0
5	特殊	2.5

	スライド	
1	なし	1.0
2	あり	1.5

	精密さ	
1	一般的	1.0
2	精密	1.5
3	超精密	2.0

	型寿命	
1	試作	0.7
2	一般的	1.0
3	長寿命	1.5

投影面積	成形機	材料費	加工費（K¥）		材料費
cm²	ton	ダイセット	コア	キャビティ	付帯品
10	5	20	20	15	5
20	10	30	30	25	7
30	15	50	50	45	10
100	37	70	70	60	15
150	50	100	100	100	20
240	75	120	120	120	40
300	100	150	150	150	60
500	150	180	200	200	80
600	200	200	250	300	100
800	250	250	300	350	200
1,000	350	350	450	450	250
1,200	450	450	500	500	300
1,500	600	700	700	700	400
2,000	800	1,000	1,200	1,300	500
2,500	1,000	1,200	1,500	1,600	700

手配ロット	管理費	利益
1	0.25	0.30
2	0.20	0.25
3	0.15	0.20
4	0.12	0.15

管理費は　環境管理費を含む

技術進歩

自動化	3
高速化	3
複合化	4
精度向上	4
段取即換	4
CAD/CA	4
材料即応	4
NC/IOT	4

rea

1-6. プリント配線基板

プリント配線基板

メモ データは仮のも

入力 ↓

1 材料は　　　　　CEM3

2 大きさは　A寸法　　　80 mm

3 大きさは　B寸法　　　150 mm

4 パターン密度　　pin 3

5 金メッキ端子数　　　　0

6 手配ロット　　　　　5000

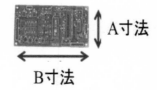

A寸法
B寸法

計算結果

材料費	38.9
加工費	116.7
管理費	31.1
利益	20.2
単価　¥	206.9

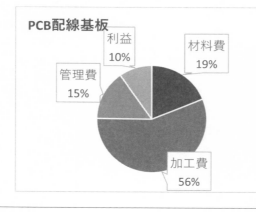

PCB配線基板

利益 10%

管理費 15%

材料費 19%

加工費 56%

PCB配線基板

のです！実際の数字を入力願います。　　　　　　　　　　50321

材料名、数字は変えられます。　　　　　　　　　C

材料	¥/㎡	加工費/㎡
PP7	900	5,000
CEM3	2,800	7,000
FR-4 両面	3,000	7,000
FR-4 4層	13,000	10,000

材料選択

金端子¥/pin

2.00

金地金ベース

数字は変えられます

本/pin	加工係数	
pin 2	1.0	
pin 3	1.2	
pin 4	1.4	

パターン密度

ワークサイズ/mm　×

a寸法	250	3
b寸法	330	2

数字は変えられます

手配ロット	管理費	利益
50	2.50	1.50
100	1.20	1.00
300	0.50	0.80
1,000	0.30	0.25
3,000	0.25	0.20
5,000	0.20	0.13

係数

技術進歩	4
自動化	4
高速化	5
複合化	3
精度向上	5
段取即換	2
CAD/CAM	4
材料即応	3
NC/IOT	3

プレス加工（単型）

メモ データは仮のもの

入力　　　　　　↓

1	材料は	SPC
2	材料厚みは	1.2 mm
3	A寸法は	120 mm
4	B寸法は	34 mm
5	プレス工程	3 回数	曲げ・抜き・絞り・・
6	ネジ立てなど	1 回数
7	手配ロット	1,000 個

材料名、

材料
SPC
SS41
SS41
SUS
AL-P
BSP-
Cup-

計算結果

材料費	3.87
加工費	8.39
管理費	3.68
利益	2.45
単価 ¥	18.39

プレス加工（単型）

利益 13%
材料費 21%
管理費 20%
加工費 46%

量	材料係数
	0.03

| 機械H | 3,000 |

段H 機械sec	
0.01	4.00

機械¥　　3.36

利益

3.7　　2.5

手配ロット
30
50
100
500
1,000
2,000
5,000
10,000
30,000

です！実際の数字を入力願います。　　　　　　　　V2.0B 50621　B

数字は変えられます。　　　　　　　　　チャージ　　　サイクルタイム

¥/kg	比重
120	7.9
110	7.9
100	7.9
250	7.9
650	2.7
580	5.3
850	8.5

*選定	プレス機	¥/h	sec	段取H	
1	PS-1	3,000	2	0.01	
2	PS-2	4,000	3	0.02	
3	PS-3	5,000	4	0.03	
4	PS-4	7,000	6	0.05	

*選定	機械	¥/h	sec	段取H	
1	TP-1	3,000	4	0.01	
2	TP-2	4,000	5	0.02	
3	TP-3	5,000	6	0.03	
4	TP-4	6,000	10	0.05	

参考推測

管理費	利益
1.00	1.00
0.85	0.50
0.70	0.30
0.50	0.25
0.30	0.20
0.20	0.17
0.17	0.15
0.15	0.15
0.14	0.15

材厚/mm	*選定
0.8	1
1.0	1
1.2	1
2.0	2
2.3	2
3.2	2
4.6	3
6.0	3
8.0	4

プレス工程 回数	ネジ等 回数	技術進歩	
1	0	自動化	3
2	1	高速化	3
3	2	複合化	4
4	3	精度向上	4
5	4	段取即接	4
6	5	CAD/CA	3
7	6	材料即応	3
		NC/IOT	2

1-8. プレス加工（順送型）

プレス加工（順送型）　　　メモ データは仮のもの

入力　　　　　　　　↓

1 材料は　　　　　　　Cup-

2 材料厚みは　　　　1.0 mm

3 A寸法は　　　　　　8 mm

4 B寸法は　　　　　　5 mm

5 ステーション　　　　3 工程数　　曲げ・抜き・絞り・・

6 手配ロット　　　　10,000 個

計算結果

材料費	0.29
加工費	1.16
管理費	0.22
利益	0.22
単価 ¥	1.88

材料名、

材料
SPC
SS41
SS41
SUS
AL-P
BSP-
Cup-

プレス加工 順送

材料係数
0

利益 12%　材料費 15%

管理費 11%

加工費 62%

¥ 段取H
4　　0.8

利益
2　　0.22

手配ロット
30
50
100
500
1,000
2,000
5,000
10,000
50,000

210

です！実際の数字を入力願います。　　　　V2.0C 50721 B

数字は変えられます。

¥/kg	比重
120	7.9
110	7.9
100	7.9
250	7.9
650	2.7
580	5.3
850	8.5

チャージ　　サイクルタイム

*選定	ton	¥/h	sec	
1	PS-	3,000	0.1	薄板精密
2	PS-0	3,000	0.3	小型精密
3	PS-1	3,000	1.0	
4	PS-2	4,000	1.5	
5	PS-3	5,000	2.0	
6	PS-4	7,000	2.5	

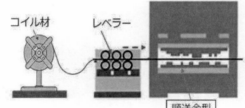

プレス機　コイル材　レベラー　順送金型

管理費	利益
1.00	1.00
0.85	0.50
0.70	0.30
0.50	0.25
0.30	0.20
0.20	0.17
0.17	0.15
0.15	0.15
0.14	0.15

推測進歩

		ステーション数	係数	段取H		
0.2	1				自動化	5
0.5	2	2	0.5	0.7	高速化	5
0.8	3	3	1.1	0.8	複合化	4
1.0	3	4	1.4	1.0	精度向上	4
1.2	4	5	1.5	1.2	段取即接	2
2.3	4	6	2.0	1.0	CAD/CA	3
3.0	5	7	2.5	1.2	材料即応	5
4.0	5	8	3.0	1.5	NC/IOT	4
6.0	6					

1-9. プレス加工単型の金型

プレス加工単型の金型　　メモ データは仮のも

入力　　　　　　　↓　　　　　　　　　　　　　　数字は

1 材料の厚みは　　　　3.2　　　mm　　　　　プレス機械
2 形状の複雑さ　　一般的　　　　　　　　　　　PS-2
3 特殊構造　　　　あり
4 精密さ　　　　　精密
5 型寿命　　　　　一般的
6 手配数　　　　　　　1

計算結果

材料費	40.5	
加工費	101.3	
管理費	35.4	
利益	42.5	
単価　K¥	219.7	千円/型

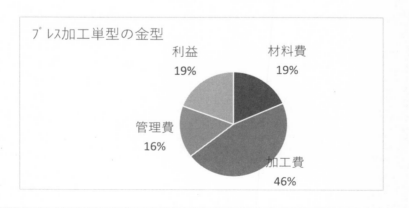

プレス加工単型の金型

利益 19%　材料費 19%

管理費 16%

加工費 46%

のです！実際の数字を入力願います。　　　　　B 60221

変えられます。

	複雑さ	係数
1	単純	0.8
2	一般的	1.0
3	複雑	1.5
4	超複雑	2.0
5	特殊	2.5

	特殊構造	
1	なし	1.0
2	あり	1.5

	精密さ	
1	一般的	1.0
2	精密	1.5
3	超精密	2.0

	型寿命	
1	試作	0.7
2	一般的	1.0
3	長寿命	1.5

投影面積 プレス機　　材料費　　加工費（K¥）　材料費

	*選定	大きさ	ダイセット	パンチ	ダイ	付帯品
1	PS-1		10	20	15	5
2	PS-2		20	30	25	7
3	PS-3		30	50	45	10
4	PS-4		50	70	60	15
5	PS-5		70	100	100	20
6	PS-6		100	120	120	40
7	PS-7		120	150	150	60
8	PS-8		150	200	200	80

材厚/mm	*選定	
0.8	1	
1.0	1	
1.2	1	
2.0	2	
2.3	2	
3.2	2	技術進歩
4.6	3	自動化　2
6.0	3	高速化　2
8.0	4	複合化　4
10.0	5	精度向上 4
12.0	6	段取即換 5
16.0	7	CAD/CA...
		材料即応 4
		NC/IOT 2

手配ロット	管理費	利益
1	0.25	0.30
2	0.20	0.25
3	0.15	0.20
4	0.12	0.15

管理費は　環境管理費を含む

213

1-10. プレス加工順送型の金型

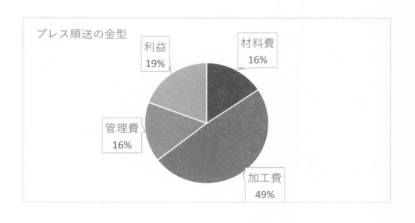

プレス加工順送型の金型　　メモ　データは仮のも

入力　　　　　　　↓　　　　　　　　　　　　　　　　数字は

1 材料の厚みは　　　　2.0　　mm　　　　　プレス機械
2 形状の複雑さ　　一般的　　　　　　　　　　PS-2
3 ステーション数　　　　　　4
4 精密さ　　　　精密
5 型寿命　　　　長寿命
6 手配数　　　　　　1

計算結果

　　材料費　　98.6
　　加工費　　309.4
　　管理費　　102.0
　　利益　　122.4
単価　K¥　　632.4　千円/型

プレス順送の金型

利益 19%
材料費 16%
管理費 16%
加工費 49%

214

のです！実際の数字を入力願います。　　　　　　B 60321

変えられます。

	複雑さ	係数
1	単純	0.8
2	一般的	1.0
3	複雑	1.5
4	超複雑	2.0
5	特殊	2.5

	精密さ	
1	一般的	1.0
2	精密	1.5
3	超精密	2.0

	型寿命	
1	試作	0.7
2	一般的	1.0
3	長寿命	1.5

投影面積 プレス機　材料費　加工費（K¥）　材料費

*選定	大きさ	ダイセット	パンチ	ダイ	付帯品
1	PS-1	10	20	15	5
2	PS-2	20	30	25	7
3	PS-3	30	50	45	10
4	PS-4	50	70	60	15
5	PS-5	70	100	100	20
6	PS-6	100	120	120	40
7	PS-7	120	150	150	60
8	PS-8	150	200	200	80

ステーション数	係数1	係数2	材厚 /mm	*選定
3	3.0	1.0		
4	4.3	1.2	0.8	1
5	5.5	1.5	1.0	1
6	6.7	2.0	1.2	1
7	7.8	2.5	2.0	2
8	9.0	3.0	2.3	2
9	10.0	4.0	3.2	2
10	11.0	5.0	4.6	3

手配ロット	管理費	利益	材厚	*選定
1	0.25	0.30	6.0	3
2	0.20	0.25	8.0	4
3	0.15	0.20	10.0	5
4	0.12	0.15	12.0	6
			16.0	7

管理費は　環境管理費を含む

技術進歩
自動化　3
高速化　3
複合化　4
精度向上　4
段取即接　4
CAD/CA　3
材料即応　3
NC/IOT　2

マルチフォーミング　　メモ データは仮のもので

入力　　↓

		材料名、数
1 材料は	BSP-	

1 材料は　　　　　BSP-

2 材料厚みは　　　1.0 mm

3 A寸法は　　　　8 mm

4 B寸法は　　　　5 mm

5 ステーション数　　　7 工程数　曲げ・抜き・捻り・ネジ・

6 手配ロット　　30,000 個

計算結果

材料費	0.12
加工費	0.82
管理費	0.28
利益	0.19
単価 ¥	1.42

材料
SPCC
SS41
S60C
SK5
SUS
AL-P
BSP-
Cup-
C1720
C1100

マルチフォーミング

利益 13%　材料費 9%　管理費 20%　加工費 58%

手配ロット
500
1,000
3,000
10,000
30,000
100,000
300,000
1,000,000
2,000,000

216

す！実際の数字を入力願います。　　　　　　D 50821 B

字は変えられます。

¥/kg	比重
120	7.9
110	7.9
150	7.9
250	7.9
250	7.9
650	2.7
580	5.3
850	8.5
900	8.3
900	8.9

*選定		ton	チャージ ¥/h	サイクルタイム sec	
1	PS-		3,000	0.2	薄板精密
2	PS-0		3,000	0.3	小型精密
3	PS-1		3,000	0.7	
4	PS-2		4,000	1.0	
5	PS-3		5,000	1.2	
6	PS-4		7,000	1.5	

←フープ材
←コイル材

管理費	利益
1.00	1.00
0.85	0.50
0.70	0.30
0.50	0.25
0.30	0.20
0.20	0.17
0.17	0.15
0.15	0.15
0.14	0.15

材厚/mm	*選定	プレス工程 ステーションの数	係数	段取H	参考推測 技術進歩	
0.2	1				自動化	4
0.5	2	2	1.00	0.7	高速化	5
0.8	3	3	1.02	0.8	複合化	1
1.0	3	4	1.05	0.9	精度向上	4
1.2	4	5	1.08	1.0	段取即換	2
2.3	4	6	1.10	1.3	CAD/CA	1
3.0	5	7	1.15	1.5	材料即応	2
4.0	5	8	1.20	1.8	NC/IOT	4
6.0	6	9	1.20	2.0		

1-12. マルチフォーミング金型

マルチフォーミング金型　　メモ データは仮のも

入力 ↓ 数字は

1 材料の厚みは　　　　0.4　　mm　　　　プレス機械
2 形状の複雑さ　　一般的　　　　　　　　PS-0
3 ステーション数　　　　　4
4 精密さ　　　　精密
5 型寿命　　　　一般的
6 手配数　　　　　　1

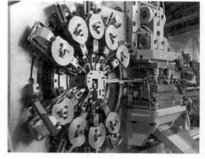

計算結果

　　　　材料費　　94.4
　　　　加工費　　87.6
　　　　管理費　　45.5
　　　　利益　　　54.6
　　単価　K¥　　282.1 千円/型

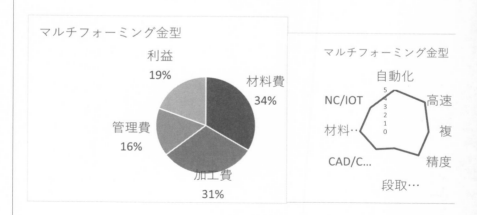

マルチフォーミング金型

利益 19%　材料費 34%　管理費 16%　加工費 31%

マルチフォーミング金型

自動化
NC/IOT　　　　高速
5 4 3 2 1 0
材料‥　　　　　複
CAD/C...　　　精度
段取‥

のです！実際の数字を入力願います。　　　　　　B 60421

変えられます。

	複雑さ	係数
1	単純	0.8
2	一般的	1.0
3	複雑	1.2
4	超複雑	1.5
5	特殊	1.6

	精密さ	
1	一般的	1.0
2	精密	1.2
3	超精密	1.5

	型寿命	
1	試作	0.7
2	一般的	1.0
		1.2

化

合化

…

投影面積	プレス機	材料費	加工費（K¥）		材料費
＊選定	大きさ	ダイセット	パンチ	コア	付帯品
1	PS−	10	20	10	5
2	PS−0	20	30	10	7
3	PS−1	30	50	15	10
4	PS−2	50	70	20	15
5	PS−3	70	100	40	20
6	PS−4	100	120	60	40

ステーション数	係数1	係数2	材厚 /mm	＊選定
3	3.0	1.0		
4	4.3	1.2	0.2	1
5	5.5	1.5	0.4	2
6	6.7	2.0	0.8	3
7	7.8	2.5	1.0	3
8	9.0	3.0	1.2	4
9	10.0	4.0	2.3	4
10	11.0	5.0	3.0	5

手配ロット	管理費	利益		
			4.0	5
1	0.25	0.30	6.0	6
2	0.20	0.25		
3	0.15	0.20		
4	0.12	0.15		

管理費は　環境管理費を含む

技術進歩	
自動化	5
高速化	5
複合化	4
精度向上	4
段取即接	2
CAD/CA	3
材料即応	4
NC/IOT	4

1-13. ばね・スプリング

ばね・スプリング　　　　メモ データは仮のもので

入力　　　　　　　　　　↓

1 材料は	SWP-B			材料名、数
2 材料径は	0.4　Φmm			
3 コイル外径は	7.0 mm		mm	
4 巻き数は	12 巻き	総延長→	263.8	
5 ばねの種類	引張り	追加L→	55.0	
6 特殊加工	なし	＊種類→	Te	
7 手配ロット	3,000　個	＊選定→	1	

材料
SUS304
SWP-A
SWP-B
SUS
AL-P

計算結果

材料費	3.16	材料→	15.8 gr	
加工費	0.83	加工時間→	0.64 sec	
管理費	2.00			
利益	1.00			
単価 ¥	6.99			

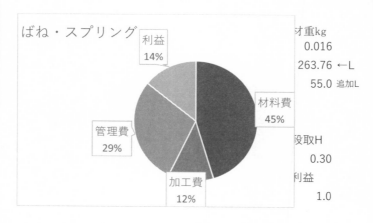

ばね・スプリング

利益 14%	
管理費 29%	材料費 45%
加工費 12%	

才重kg	0.016
263.76	←L
55.0	追加L
役取H	0.30
利益	1.0

手配ロット
100
500
1,000
3,000
10,000
50,000
300,000
1,000,000
2,000,000

す！実際の数字を入力願います。　　　V2.0A 50921 B

字は変えられます。

¥/kg	比重
230	7.9
210	7.9
200	7.9
250	7.9
650	2.7

*種類	*選定	機械能力 Φ	チャージ ¥/h	速度 m/min	段取り h
Co1	1	CM-1	2,800	65	0.2
Co2	2	CM-2	4,000	60	0.2
Co3	3	CM-3	5,000	50	0.2
Co4	4	CM-4	6,000	45	0.3
Te1	1	PM-1	3,000	30	0.3
Te2	2	PM-2	4,000	25	0.3
Te3	3	PM-3	5,000	20	0.4
Te4	4	PM-4	6,000	16	0.4
To1	1	TM-1	3,500	30	0.3
To2	2	TM-2	4,000	25	0.4
To3	3	TM-3	5,000	20	0.5
To4	4	TM-4	6,000	16	0.5

管理費	利益
1.00	1.00
0.85	0.50
0.70	0.30
0.50	0.25
0.30	0.20
0.20	0.17
0.17	0.15
0.15	0.15
0.14	0.15

径Φ/mm	*選定
0.2	1
0.4	1
0.8	2
1.0	2
1.2	2
2.0	3
2.5	3
3.0	3
4.0	4

*種類		追加L
圧縮	Co	0.0
引張り	Te	2.5
ネジり	To	5.0
特殊加工		
なし		0.0
あり		1.1
研磨		1.5

参考推測 技術進歩	
自動化	5
高速化	5
複合化	1
精度向上	4
段取即接	2
CAD/CA	2
材料即応	2
NC/IOT	4

1-14. 機械加工（φ旋削）

機械加工（Φ旋削）

メモ データは仮のもの

入力 ↓

1 材料は	S25CΦ	
2 材料外形Φは	20.0 mm	機械
3 長さ　L寸法は	100 mm	LS-1
4 加工の段数は	5 段	
5 C軸・特殊加工	1 カ所	
6 加工精度は	精密	
7 手配ロット	10 個	

材料名、

材料
S25CΦ
DCΦ
DDΦ
SUSΦ
AL-Φ
BS Φ

計算結果

材料費	31.0
加工費	18.3
管理費	24.6
利益	12.3
単価 ¥	86.3

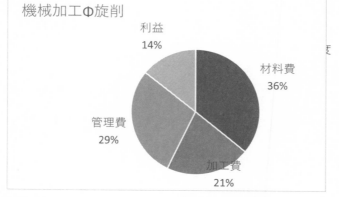

機械加工Φ旋削

利益 14%
材料費 36%
管理費 29%
加工費 21%

手配ロット
1
3
5
10
30
50
100
500
1,000

222

です！実際の数字を入力願います。　　　　　　　c 51121

数字は変えられます。　　　旋盤　チャージ　　加工　特殊　チャック

¥/kg	比重
120	7.9
150	7.9
160	7.9
340	7.9
650	2.7
580	5.3

*選定	大きさ	¥/h	sec	sec	mm
1	LS-1	3,000	3.0	5.0	4.0
2	LS-2	4,000	5.0	8.0	5.0
3	LS-3	5,000	7.0	10.0	6.0
4	LS-4	6,000	10.0	13.0	8.0

	係数	▽▽▽
一般	1.00	Ra25
精密	1.10	Ra6.3
超精密	1.80	Ra1.6
特殊	2.40	Ra0.8

管理費	利益
1.00	1.00
0.85	0.50
0.70	0.30
0.50	0.25
0.30	0.20
0.20	0.17
0.17	0.15
0.15	0.14
0.15	0.14

材料 Φ	*選定
6.0	1
10.0	1
20.0	1
30.0	2
50.0	2
60.0	2
80.0	3
100.0	3
200.0	4

特殊加工	参考推測	
0	技術進歩	
1	自動化	4
2	高速化	5
3	複合化	3
4	精度向上	4
	段取即換	3
	CAD/CAM	5
	材料即応	4
	NC/IOT	4

機械加工（□MC)

メモ データは仮のもの

入力
↓

1 材料は	S25C			材料名、
2 材料大きさは	300.0 mm□		機械 MC-3	
3 高さ　H寸法は	10 mm			
4 切削割合は	30 %		sec 224.3	
5 工具交換　ATC	3 回			
6 加工精度は	精密			
7 手配ロット	10 個			

材料テーブル:

材料
S25C
DC
DD
SUS
AL-
BS

計算結果

材料費	853.2
加工費	1,100.0
管理費	976.6
利益	488.3
単価 ¥	3,418.1

手配ロット:

手配ロット
1
3
5
10
30
50
100
500
1,000

機械加工MC□

利益 14%
材料費 25%
管理費 29%
加工費 32%

です！実際の数字を入力願います。　　　　　　　c 51221

数字は変えられます。　　　旋盤　チャージ　加工　ATC

¥/kg	比重
120	7.9
150	7.9
160	7.9
340	7.9
650	2.7
580	5.3

*選定	大きさ	¥/h	sec	sec	
1	MC-1	5,000	3.0	5.0	
2	MC-2	10,000	5.0	8.0	
3	MC-3	15,000	7.0	10.0	
4	MC-4	30,000	10.0	13.0	

	係数	▽▽▽		特殊加工
一般	1.00	Ra25		3
精密	1.10	Ra6.3		4
超精密	1.80	Ra1.6		5
特殊	2.40	Ra0.8		7
				8

管理費	利益
1.00	1.00
0.85	0.50
0.70	0.30
0.50	0.25
0.30	0.20
0.20	0.17
0.17	0.15
0.15	0.14
0.15	0.14

材料大きさ	*選定
10.0	1
30.0	1
50.0	1
80.0	2
100.0	2
200.0	2
300.0	3
500.0	3
800.0	4

切削度割合%	参考推測 技術進歩	
10		
20	自動化	4
30	高速化	5
40	複合化	3
50	精度向上	4
60	段取即換	3
70	CAD/CAI	5
80	材料即応	4
90	NC/IOT	4

1-16. 鋳物

鋳物　　　　　　　　　　　　　　　　メモ　データは仮のもので

入力　　　　　　　　　↓

1 材料は	AC3A	
2 重量は	0.35	kg
3 かさ面積　A×B	100	cm²
4 中子は	あり	
5 鋳物の種類	砂型	
6 面付け	1	個
7 手配ロット	5	個

面付けの場合は合計に
＊選定→ 1
＊種類→ Sa
通常は1個

計算結果

材料費	135.00
加工費	135.20
管理費	67.55
利益	62.15
単価　¥	399.90

参考　¥/kg→ 1,142.6

材料名、数

材料
FC200
FC250
FC350
FCD450
AC3A
AC4A
AC7A
CAC302
CAC403
CAC502B
CAC603

S
C
PBC
LBC

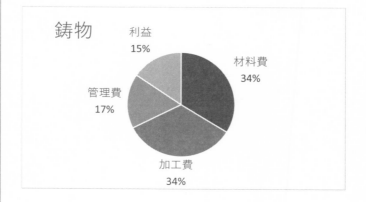

鋳物

- 利益 15%
- 材料費 34%
- 管理費 17%
- 加工費 34%

手配ロット
1
5
10
50
100
500
1,000
2,000
5,000

す！実際の数字を入力願います。　　　　　V2.0B 52121　B

字は変えられます。

¥/kg	比重	係数
60	7.9	1.0
65	7.9	1.1
70	7.9	1.2
90	7.9	1.2
300	2.7	0.7
300	2.7	0.7
300	2.7	0.7
600	5.3	1.5
600	6.5	1.5
800	8.5	1.7
850	8.5	1.7

←熔解費係数

| | | 型枠番号 | 熔解費 | 造型費 | |
| | | | | 仕上費 | 押湯口 |
*種類	*選定	mold form	¥/kg	¥/型	kg/型
Sa1	1	砂型1	80	100	0.10
Sa2	2	砂型2	90	150	0.12
Sa3	3	砂型3	90	200	0.15
Sa4	4	砂型4	100	300	0.30
Sh1	1	シェル1	80	120	0.10
Sh2	2	シェル2	90	150	0.12
Sh3	3	シェル3	90	200	0.15
Sh4	4	シェル4	100	300	0.20
Gr1	1	GR1	80	100	0.10
Gr2	2	GR2	100	150	0.12
Gr3	3	GR3	100	250	0.15
Gr4	4	GR4	100	400	0.20

管理費	利益
0.30	0.25
0.25	0.23
0.20	0.20
0.18	0.18
0.16	0.17
0.15	0.17
0.15	0.15
0.15	0.15
0.13	0.15

かさ面積	*選定	*種類	
20	1	砂型	Sa
100	1	シェル型	Sh
300	2	グラビティ	Gr
500	2		
600	2	中子	造形＋係数
1,200	3	なし	1.00
3,000	3	あり	1.10
5,000	3	特殊	1.20
8,000	4		

参考推測 技術進歩	
自動化	3
高速化	3
複合化	1
精度向上	3
段取即接	3
CAD/CA	2
材料即応	3
NC/IOT	2

1-17. ダイキャスト

ダイキャスト

入力　↓

1	材料は	ADC1		
2	重量は	0.20	kg	
3	かさ面積　A×B	250	c㎡	面付けの場合は合計に
4	型スライド	あり		機械→ 100
5	面付け	1	個	通常は1個
6	手配ロット	2,000	個	

材料
ADC1
ADC3
ADC6
ADC10
ADC12
ZDC1
ZDC2

材料名、数

計算結果

材料費	62.50	
加工費	43.67	
管理費	16.99	
利益	18.05	
単価　¥	141.20	

参考　¥/kg→ 706

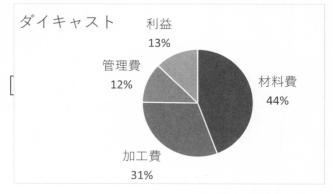

ダイキャスト

- 利益 13%
- 管理費 12%
- 材料費 44%
- 加工費 31%

手配ロット
50
100
300
1,000
2,000
5,000
10,000
30,000
50,000

す！実際の数字を入力願います。　　　　　　　V2.0A 52221 B

字は変えられます。　　かさ面積　機械　チャージ　　　サイクルタイム　湯口押湯　熔解費

¥/kg	比重
250	2.65
250	2.63
250	2.65
260	2.70
260	2.68
280	6.7
280	6.6

cm²	ton	¥/h	sec	kg	¥/kg
10	5	3,000	4	0.005	80
30	15	3,500	5	0.008	80
100	30	4,000	7	0.010	80
150	50	5,000	8	0.015	90
200	75	6,000	10	0.020	90
250	100	7,000	12	0.050	90
300	150	8,000	14	0.080	100
500	250	8,500	15	0.100	120
600	350	9,000	17	0.150	140
800	450	10,000	20	0.200	160
1,000	600	15,000	24	0.250	170
1,200	800	20,000	28	0.400	200
1,500	1,200	25,000	30	0.600	220
2,000	1,600	30,000	35	0.800	240

管理費	利益
0.30	0.25
0.25	0.23
0.20	0.20
0.18	0.18
0.16	0.17
0.15	0.17
0.15	0.15
0.15	0.15
0.13	0.15

面付け型	技術進歩	
1	自動化	4
2	高速化	3
4	複合化	3
6	精度向上	4
8	段取即換	3
10	CAD/CA	4
	材料即応	3
	NC/IOT	3

型スライド	係数
なし	1.00
あり	1.10
特殊	1.20

1-18. ロストワックス鋳造

ロストワックス鋳造

入力   ↓

1 材料は	SKD	
2 重量は	0.35	kg
3 かさ容積は	300	cm³
4 中子は	あり	
5 形状複雑さ	やさしい	
6 表面処理	焼き入れ	
7 手配ロット	500	個

材料名、数

材料
S45C
SCM415
SKD
SCS13
SCH13
AC4CT6
AC7A
ZDC2
CAC302
CAC403
CAC502B
CAC603

計算結果

材料費	46.31
加工費	373.02
管理費	62.90
利益	71.29
単価 ¥	553.52

ロストワックス鋳造

利益 13%
材料費 8%
管理費 11%
加工費 68%

	ツリー枠番		手配ロット
0	1		1
個	ツリー/個		5
5	7,800		10
450	500	湯口	50
7.50	24.0	個/Tr	100
枚	1.10	中子	500
込み	0.85	形状	1,000
費	利益		2,000
62.9	71.3		5,000

す！実際の数字を入力願います。　　　　　　　　V2.0A 52321 B

字は変えられます。

¥/kg	比重	熔解鋳込み
90	7.9	1
100	7.9	1
90	7.9	1
120	7.9	1
140	7.9	1
250	2.7	2
250	2.7	2
190	2.9	2
600	5.3	3
600	6.5	3
800	8.5	3
850	8.5	3

	ろう成形		仕上費	
かさ体積	ツリー組立	賃率	検査費	ツリー
cm³	sec/個	¥/h	sec/個	枠番
10	34	2,400	25	1
30	38	2,400	28	1
100	44	2,500	30	1
300	53	2,500	35	1
500	64	2,500	40	2
1000	75	2,500	50	2
1,500	86	2,700	60	2
2,000	100	2,700	70	3
3,000	110	2,700	90	3
5,000	130	2,700	100	3

		ツリー枠番	cm³容積	cm³湯口
表面処理	¥/kg	1	7,800	500
なし	0	2	10,000	700
タフトライド	260	3	12,000	1000
焼き入れ	450	容解鋳込 ¥/kg		
アルマイト	200	1	300	
アロジン	200	2	230	
亜鉛メッキ	120	3	330	
その他	200	4	260	

形状の複雑さ		中子	係数
やさしい	0.85	なし	1.00
一般的	1.00	あり	1.10
複雑	1.10	複雑	1.20
特殊	1.30	特殊	1.30

参考推測 技術進歩	
自動化	3
高速化	3
複合化	1
精度向上	3
段取即換	3
CAD/CA	3
材料即応	3
NC/IOT	2

管理費	利益
1.00	1.00
0.40	0.35
0.20	0.20
0.18	0.18
0.16	0.17
0.15	0.17
0.15	0.15
0.15	0.15
0.13	0.15

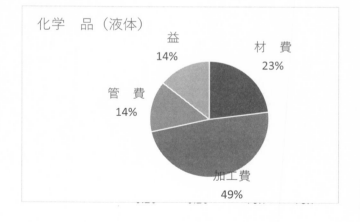

化学薬品（液体）

メモ データは仮のもので

入力　　　　　　　　↓

1	ベース液	ポリマーA		
2	添加剤配合比	配合3	配合表参照	
3	プロセス装置	P 2	プロセス表参照	
4	調質精度	特別		
5	器	プラ 0.5L	器表参照	
6	手配ロット	1,000	器数	

材　　、数
ベース液
ポリマーA
ポリマーB
ポリマーC
ポリマD
ポリマG

計算結果

材　費	118.58	
加工費	250.00	
管　費	73.72	
益	73.72	¥/kg ↓
単価 ¥/ 器	**516.01**	1,032.0

H	液Z
J	液X
K	剤P
M	添加剤W

化学　品（液体）

益 14%
材　費 23%
管　費 14%
加工費 49%

手配ロット
100
500
1,000
3,000
5,000
10,000
20,000
50,000
100,000

す！実際の数字を入　願います。　　　　　　　A 55121

字は変えられます。　　　　　　kg　　　　プロセス表　　¥/装置

¥/kg	比重
160	0.95
200	1.08
350	1.10
300	1.12
600	1.12

プロセス	装置容量	反応	調質	充填	梱包
P 1	200	80,000	30,000	5,000	800
P 2	300	100,000	30,000	7,000	1,000
P 3	500	130,000	45,000	9,500	2,000
P 4	1,000	150,000	50,000	12,000	7,000
P 5	3,000	200,000	70,000	15,000	10,000

120	
700	
1,500	
2,000	

調質精度	係数	歩留り%
一般	1.0	100
精密	1.2	95
特別	1.4	90

容器表		¥
プラ 0.25L	0.25	10
プラ 0.5L	0.50	12
プラ 1.0L	1.00	16
ガラス0.35L	0.35	15
ドラム18L	18.00	350

管　費	益
0.30	0.25
0.25	0.23
0.20	0.20
0.18	0.18
0.16	0.17
0.15	0.17
0.15	0.15
0.15	0.15
0.13	0.15

添加剤配合表 （重量比）						参考推測
配合	ベース液	H	J	K	M	技術進歩
配合1	95.0	2.0	1.3	1.2	0.5	
配合2	96.0	2.0	0.5	0.7	0.8	自動化　4
配合3	92.0	4.7	1.5	1.5	0.3	高速化　3
配合4	95.0	3.5	1.0	0.4	0.1	複合化　4
						精度向上 3
						段取即換 3
						CAD/CAI 3
						材　即応 2
						NC/IOT 4

2-1. コストダウンアイデア集　評価表

コストドライバ/アイデア集

部門名	
概要	

改善提案
更に良くするには

n	評価項目	5	4
1	蓄積共有	購買脳・知のインフラを増やせ使え	
a	コストドライバ集	充実　80%以上	カバー率50%
b	コストダウンアイデア集	〃	〃
c	設計・サプライヤとの共有	共有連携	できている
2	形状・構造などのコストドライバ	図面を読み解くコストドライバ	
a	形状	詳細理解・充実	よく理解・整理
b	構造	〃	〃
c	加工精度	〃	〃
3	材料に関するコストドライバ	なぜその材質なのか、特性とコスト	
a	材質・種類	詳細理解・充実	よく理解・整理
b	特性	〃	〃
c	表面処理	〃	〃
4	製造方法のコストドライバ	より良い作り方、技術とカイゼン	
a	設備機械　加工能力	詳細理解・充実	よく理解・整理
b	工程設計　QC工程図	〃	〃
c	金型治工具	〃	〃
5	設計の取組みコストドライバ	中期的な戦略で、小さなムダでも大きな	
a	モジュール構造	詳細理解・充実	よく理解・整理
b	標準化・共通化	〃	〃
c	VE提案事例	〃	〃
6	品質の留意事項	どんなに良いアイデアも品質検証は必	
a	試験・検査	詳細理解・充実	よく理解・整理
b	過去のトラブル例	〃	〃
c	シミュレーション解析の活用例	〃	〃
7	新技術など留意事項	技術は日進月歩、先を見据えて先取り	
a	新技術	詳細理解し応用	よく理解・整理
b	新材料	〃	〃
c	技術ロードマップ	充実整理・更新	収集・整理

21項目　　*Copyright Kimitoshi Yagi*　:*Procurement Innovation Research*

評価表

V1.B 👁 *Solution Provider*

注意事項
"項目評価"に5点満点で評価記入
フォーマットは変更しないで下さい。

評価点数
54

5 段階評価の判断基準			項目評価	合計	特徴	配点
3	2	1				
		ベテランならば‥個人がやっている	2	8	3	20
カバー率30%	少しあるが‥	〃	3			
〃		とんでもない	3			11
少しやっている	検討する					
		図面通りです		11	4	20
少しやっている	興味はあるが	興味ない	4			
〃	〃	〃	4			
〃	〃	〃	3			15
		材料のことまでは		9	3	15
少しやっている	興味はあるが	興味ない	3			
〃	〃	〃	3			
〃	〃	〃	3			9
		現場のことまでは		10	3	15
少しやっている	興味はあるが	興味ない	4			
〃	〃	〃	3			
〃	〃	〃	3			10
節約		設計の取組みだ		10	3	14
少しやっている	興味はあるが	図面がでれば‥	4			
〃	〃	〃	3			
〃	〃	〃	3			0
須重要		品質のことは		9	3	8
少しやっている	興味はあるが	直接関係無い	3			
〃	〃	〃	3			
〃	〃	〃	3			5
も		そこまでは		9	3	8
少しやっている	興味はあるが	興味ない	3			
〃	〃	〃	3			
〃	〃	〃	3			5

配点補正荷重合計= 53.9　　　　　　　　合計点 57 3.1 100

2-2. 技談・交渉の取組み　評価表

技談・交渉の取組み　評価

部門名	
概要	

改善提案
更に良くするには

n	評価項目		5	4
1	相見積り・競合	交渉、まずは相見積りから始まる		
	a 相見積り 3社以上		かなり有効	相見積り効果あり
	b 新規・海外取引先候補		IPO活用も	実施有効
	c 自社指定の見積書フォーマット		明確にできる	ほほできている
2	技談交渉	対立で妥協より、技談で原価目標達成へ		
	a 交渉戦略・購買戦略		良く徹底している	戦略ある
	b 目標コスト・達成目指す		目標達成目指す	取組みしている
	c 技談の取組み　動機付け		信頼関係で取組み	良くできている
3	見積りチェック	コストテーブル対比で、何が　どこが・・・		
	a 工数・加工費　コストテーブルあり		指摘改善	良くできる
	b 材料費		〃	〃
	c 管理費		〃	〃
4	IEものづくりカイゼン	ものづくりの工夫、知恵の出し合い・融合へ		
	a 設備機械		協調改良	よくできる
	b 工程設計		〃	〃
	c 金型治工具		〃	〃
5	VE提案	設計はなぜ　その図面なのか知って	それならば・・・	
	a 構造・形状		指導できる	かなりできる
	b 材料・材質特性		〃	〃
	c アイデア査定・比較		〃	〃
6	新技術検討	技術は必ず進歩する、業界は、競合他社は・・・		
	a TD 競合他社分析		常に研究よく理解	やっている
	b 自社製品の仕様・魅力		〃	〃
	c シミュレーション解析技術		〃	〃
7	設計支援	サプライヤの知恵を買う、アイデアを買う、協力してもらう		
	a 設計ーサプライヤ　CAD-CAD		協調連携	やっている
	b ゲストエンジニア要請協力		〃	〃
	c 4Rを図面へ造りこみ　グリーン調達		〃	〃

21項目　　*Copyright Kimitoshi Yagi*　：*Procurement Innovation Research*

表

V1.C　👁 *Solution Provider*

注意事項

評価点数

| 53 |

"項目評価"に5点満点で評価記入
フォーマットは変更しないで下さい。

5 段階評価の判断基準			項目評価	合計	特徴	配点
3	2	1				
		特殊品だから		11	4	20
3社へ出す	形式的に	できない	5			
やっている	〃	〃	3			
記入できる	少しできている	なし	3			15
		一円でも安く		7	2	20
理解している	粘り強く要請	値引き要請	3			
目標はある	〃	〃	2			
取組みできる	話しはするが	やらない	2			9
		そこまでは		10	3	15
チェックする	あまりやらない	見積り比較のみ	3			
〃	〃	〃	3			
〃	〃	〃	4			10
		現場のことは		10	3	15
ほぼできる	少し	わからない	4			
〃	〃	〃	3			
〃	〃	〃	3			10
		図面内容までは		9	3	14
できる	少しできる	わからない	3			
〃	〃	〃	3			
〃	〃	〃	3			0
		購買だから		8	3	8
少しできる	やったことある	わからない	3			
〃	〃	〃	3			
〃	〃	〃	2			4
		そこまでは		8	3	8
一部やっている	やったこともある	困難	3			
〃	〃	〃	3			
〃	〃	興味が無い	2			4

配点補正荷重合計＝　　52.5　　　　　　　　合計点　55　3.0　100

2-3. サプライヤとの連携　評価表

サプライヤとの連携　評価

部門名
概要

改善提案
更に良くするには

n	評価項目		5	4
1	パートナシップ	それなりに信用から　信頼関係が増す取組みへ		
	a 共益協創の取組み　技談の理解		良く連携	実施中
	b 設計支援・ゲストエンジニア		充実多用	〃
	c 重点サプライヤ　評価・格付け		深く理解	〃
2	コストダウン	コストダウン成果は　サプライヤの協力・実行で		
	a 技談・交渉の取組み		協調連携	やっている
	b コストテーブル共有		共有協調	〃
	c VE提案・IE提案協調		提案協調	〃
3	納期確保	ものが調達できなければ　始まらない		
	a 生産管理データの連携		データ・リンク	やっている
	b 納期確保　FMS連携		協調連携	〃
	c 生産量変動・緊急策への対応		対応連携	〃
4	品質確保	品質確保が大前提		
	a ISO9001認証　管理レベル		認証継続	認証された
	b MLT/ELT 試験協力		積極協力	協力できる
	c 品質保証契約		充実	できる
5	e & E	DX　生産性高く連携		
	a e電子取引　DX 連携		連携協調	良くできている
	b グリーン調達　4R		図面に作り込み	〃
	c CAD−CAD連携　デザイン・イン営業		詳細作図協力	〃
6	技術情報サービス	コストダウンだけでなく　製品の魅力価値向上も課題		
	a 新技術・産学		定期的情報交流	良くやっている
	b 協調研究		連携協調	〃
	c 技術ロードマップ		提供充実	〃
7	安定調達・リスク対策	調達はリスクの海　リスク対策と予防が肝腎		
	a 地政学リスク対策　拠点分散		協調実施	良くやっている
	b 素材・二次委託先の管理		情報共有	〃
	c サプライマーケット情報共有		連携共有	〃

21項目　　*Copyright Kimitoshi Yagi*　:*Procurement Innovation Research*

表　　　　　　　　　　　　　　　　　V1.B　👁 *Solution Provider*

評価点数

| 52 |

5 段階評価の判断基準			項目評価	合計	特徴	配点
3	2	1				
		パートナシップだなんて		9	3	20
少し実施	値引き要請	できない	3			
〃	検討中	やれない	3			
〃	検討中	決めていない	3			12
		そもそも対立です		7	2	20
やったことある	技談は無理	やらない	2			
〃	しない	とんでもない	2			
〃	案はあるが‥	検討する	3			9
		納期は守るもの		11	4	15
部分的にやっている	やったことある	やっていない	4			
〃	〃		4			
〃	協力する	難しい	3			11
		サプライヤがやること		10	3	15
計画中	検討中	やらない	4			
少しできる	〃	〃	3			
〃	〃	〃	3			10
		情報は出します		9	3	14
できる	部分的に	難しい	3			
〃	〃	〃	3			
〃	〃	〃	3			0
		そこまでは‥		9	3	8
やっている	少しやっている	難しい	3			
〃	〃	〃	3			
〃	〃	〃	3			5
		問題ないように		9	3	8
やっている	検討する	困難	3			
〃	〃	〃	3			
〃	〃	難しい	3			5

配点補正荷重合計=　　51.9　　　　　　　　　合計点　55　3.0　100

2-4. 設計との連携　評価表

設計との連携　評価表

部門名	
概要	
改善提案	
更に良くするには	

n	評価項目	5	4
1	パートナシップ　　　設計を動かす　喜んで協力してもらう		
	a 図面案のコスト査定・検討	充実している	良くやっている
	b 設計支援・ゲストエンジニア	〃	〃
	c 重点サプライヤ・リレーション	〃	〃
2	コストダウン　　　　コストの大部分は　設計図面・仕様書で決まる		
	a コストテーブル共有	実施充実	よくやっている
	b 比較見積り　BMS	〃	〃
	c VE提案・情報提供	〃	〃
3	金型投資検討など　　原価企画対応、投資効果の査定		
	a 投資効果の査定・検討	協調連携充実	よくやっている
	b 原価企画への対応	〃	〃
	c 金型・治工具設計検討	〃	〃
4	品質確保　　　　　品質確保は譲れません		
	a シミュレーション解析協力	連携している	実施している
	b 寿命試験　ELT/MLT　協力連携	〃	〃
	c QM　図面への作り込み提案	〃	〃
5	VE提案　　　　　　コストダウンの脳力は　VEマインド・アイデアから		
	a VE提案	積極的協力	良くやっている
	b コストドライバ/アイデア集共有	〃	〃
	c CAD連携　サプライヤ・リレーション	〃	〃
6	技術情報サービス　　設計が期待する情報提供		
	a 技術情報提供	売り込み連携	定期的にやってい
	b 新材料情報	〃	〃
	c 技術ロードマップ	〃	〃
7	購買戦略の調整　　　技術戦略との連携も		
	a 設計との対話	連携充実	定期的にやってい
	b 製品技術戦略と摺り合わせ	〃	〃
	c 中期的なテーマ調整	〃	〃

21項目　　　*Copyright Kimitoshi Yagi*　:*Procurement Innovation Research*

V1.B 👁 *Solution Provider*

注意事項

評価点数

| 51 |

"項目評価"に5点満点で評価記入
フォーマットは変更しないで下さい。

5 段階評価の判断基準			項目評価	合計	特徴	配点
3	2	1				
		出図されなければやらない	3	8	3	20
やっている	少しやっている		3			
〃	〃	〃	3			
〃	〃	〃	2			11
		値引きはガンバルしない	3	10	3	20
やっている	少し		3			
〃	〃	〃	4			
〃	〃	〃				13
		量産になれば検討する	3	9	3	15
やっている	少しやっている		3			
〃	〃	〃	3			
〃	〃	〃	3			9
		不良ゼロで要求わからない	2	8	3	15
少しやっている	やったことある		3			
〃	〃	〃	3			
〃	〃	〃	3			8
		VEは設計です難しい	4	9	3	14
やっている	少しやる		2			
〃	ある	なし	3			
〃	検討する	〃				0
		技術屋に任せるしない	3	9	3	8
る やっている	少しやっている		3			
〃	〃	なし	3			
〃	〃	なし				5
		技術戦略なければ困難	3	9	3	8
る やっている	少しやっている		3			
〃	〃	〃	3			
〃	〃	できない				5

配点補正荷重合計＝ 50.6 　　　　合計点 53 3.0 100

2-5. コストテーブルの活用　評価表

コストテーブルの活用　評

部門名
概要

改善提案
更に良くするには

n	評価項目		5	4
1	利用率	コストの目利き　データでモノをいう・データがものをいう		
	a 外注品の　コストテーブル（原価積算型）		常に活用	対象の70%以上
	b 購入品の　コストテーブル（回帰分析型）		〃	〃
	c コストテーブル管理規程・更新		充実更新	更新実施
2	購入品　目利き力	技術・仕様や業界を語れる　購買エンジニアでしょうか		
	a 対象品の仕様・性能の理解		詳細理解	よく理解
	b 対象品のメーカー・商社　業界		業界マップある	〃
	c 対象品の技術ロードマップ		ロードマップある	〃
3	外注品　原価見積り力	原価見積り力は　コスト分析・機械能力の判断から		
	a コスト分析力		詳細把握	良くできる
	b 機械設備能力		〃	〃
	c 加工工数・賃率		〃	〃
4	IEカイゼン力	ものづくり工程・金型語れずして　IEカイゼンなし		
	a ものづくり工程設計		QC工程図書ける	良く知っている
	b 加工技術		最新技術理解	知っている
	c 金型治工具		デザイン詳細理解	〃
5	VE提案力	コストダウンの脳力は　VEマインド・アイデアから		
	a VE手順・プロジェクト		VEエンジニア	経験多い
	b VE提案のコスト評価		VEリーダー	かなり良くできる
	c VEアイデア　蓄積共有		整理蓄積し共有	かなりある
6	サプライヤ連携力	サプライヤ連携が　購買力を左右する		
	a 信頼関係構築		共益協創	良い信頼関係
	b コストテーブル共有		重点取引先と	ごく一部の取引先
	c 開発設計支援		ゲストエンジニア実施	やっている
7	設計との連携力	設計への提案から　購買の存在価値が高まる		
	a 設計部門との連携力		良く連携できる	連携している
	b 設計図面案の原価査定		常に相談あり	良くやっている
	c 製品の仕様・性能		詳細理解している	良く理解している

21項目　　*Copyright Kimitoshi Yagi　:Procurement Innovation Research*

価表

V1.C ☁ Solution Provider

評価点数
50

5 段階評価の判断基準			項目評価	合計	特徴	配点
3	2	1				
対象の50%以上	時々使う	作った人いる	3	9	3	20
〃	〃	〃	4			
ある	検討中	なし	2			12
理解している	よくわからない	購買だから興味ない	4	9	3	20
〃	〃	〃	3			
〃	〃	〃	2			12
およそできる	少しわかる	現場のことはわからない	4	10	3	15
〃	〃	〃	3			
〃	〃	〃	3			10
判断できる	少しわかる	現場のことは知らない	3	9	3	15
〃	〃	〃	3			
〃	〃	〃	3			9
経験ある	知っている	VEは設計でやるわからない	3	8	3	14
良くできる	できる	〃	3			
〃	少しある	〃	2			0
信頼されている	信用はある	売りと買いは対立できない	2	5	2	8
検討したい	なし	とんでもない	2			
試行計画ある	検討したい	やらない	1			3
部分的に連携	少し連携	設計とは話さない困難	3	8	3	8
やることもある	少しやった	〃	3			
理解している	少し解る	興味が無い	2			4

配点補正荷重合計＝　49.9　　　　　　　合計点　50　2.8　100

2-6. 回帰分析型コストテーブル　評価表

回帰分析型コストテーブル

部門名	
概要	
改善提案 更に良くするには	

n	評価項目		5	4
1	デザイン	コストの目利き　データでモノをいう・データがものをいう		
	a 標準化・共通化率		標準化充実	おおかた標準化
	b 対象品のカバー率		80％以上	60％以上
	c 対象細分化とジャンル集積		集積充実	かなりできた
2	入力	技術・仕様や業界を語れる　購買エンジニアでしょうか		
	a コストドライバ明快		詳細理解	よく理解
	b 入力のしやすさ		〃	〃
	c 特殊品対応		〃	〃
3	実績データ	原価見積り力は　コスト分析・機械能力の判断から		
	a データエリア　n数		充分	多い
	b 実績データ数		n=30 以上	n=20 以上
	c 購入実績の自動更新		実施委充実	部分的に実施
4	回帰式	ものづくり工程・金型語れずして　IEカイゼンなし		
	a 有意性		有意性充分	良く知っている
	b 異常値			知っている
	c 見やすい			〃
5	派生拡充	コストダウンの脳力は　VEマインド・アイデアから		
	a 派生しやすい		簡便	かなりしやすい
	b 派生数　　n数		n=10 以上	n=8 以上
	c 原価積算型へも展開		〃	〃
6	出力	サプライヤ連携が　購買力を左右する		
	a 明確さ		充分良い	かなり良い
	b 信頼性		充分ある	かなり良い
	c 標準化の検討		充分できる	しやすい
7	更新	設計への提案から　購買の存在価値が高まる		
	a 実績データ入力・更新・校正		更新充実	定期更新
	b P-BOMとリンク		〃	〃
	c 実績データのサマリー・ドリルダウン		〃	〃

21項目　　*Copyright Kimitoshi Yagi*　　:*Procurement Innovation Research*

評価表

V1.B 👁 *Solution Provider*

注意事項

評価点数

| 55 |

"項目評価"に5点満点で評価記入
フォーマットは変更しないで下さい。

5 段階評価の判断基準			項目評価	合計	特徴	配点
3	2	1		9	3	20
一応できている	少し	なし	4			
40%以上	10%以上	数点	3			
ジャンル区分あり	少し	なし	2			12
理解している	よくわからない	購買だから 興味ない	4	10	3	20
〃	〃	〃	3			
〃	〃	無理	3			13
良い	ある	少ない	4	10	3	15
n=10 以上	機能している	少ない	3			
試行中	検討中	できない	3			10
有意性あり	有意性薄い	少し問題	4	10	3	15
〃	〃	〃	3			
〃	〃	〃	3			10
しやすい	できる	難しい	3	9	3	14
n=5 以上	n=2 以上	なし	3			
〃	〃	無理	3			0
良い	まあまあ	不明	3	9	3	8
良い	まあまあ	薄い	3			
できるものも	〃	〃	3			5
やっている	検討中	やってない	4	9	3	8
〃	〃	〃	2			
〃	〃	〃	3			5

配点補正荷重合計= 54.9 合計点 57 3.1 100

2-7. 原価積算型コストテーブル　評価表

原価積算型コストテーブル

部門名

概要

改善提案
更に良くするには

n	評価項目	5	4
1	デザイン　　　　　見やすい、解りやすい、標準化がカギ		
	a 標準化・共通化率	標準化充実	おおかた標準化
	b 対象品のカバー率	80%以上	60%以上
	c 対象細分化とジャンル集積	集積充実	かなりできた
2	入力　　　　コストドライバが理解できなければ　使われない		
	a コストドライバ明快さ	詳細明快	よく理解
	b 入力のしやすさ・プルダウンガイド	プルダウン良い	プルダウンあり
	c 入力の項目数　n数	5〜7　ほどよい	8　くらい
3	材料費　　　　単純明快、　選べる種類多く　プルダウンが大変有効		
	a データの数	n=30 以上	n=20 以上
	b わかりやすさ	明快	わかりやすい
	c 係数など	〃	〃
4	加工費　　　　技術的根拠明快が　説得力増す		
	a 機械能力別工数　sec 段取りなど	明確	良い
	b 機械能力別賃率　¥	〃	〃
	c その他の係数	〃	〃
5	管理費　　　　ロット別なら　理解されやすい		
	a ロット数の区分数	充分	良い
	b 管理費率	〃	〃
	c 利益率	〃	〃
6	積算・出力　　　　お互いに納得できるものか		
	a 計算エリア	非常に良い	良い
	b 計算手順・計算式	〃	〃
	c 原価積算値	〃	〃
7	更新　　　　古いデータでは　アテにならない、信頼されない		
	a 材料費の更新	更新充実	定期更新
	b 加工費の更新	〃	〃
	c P-BOM連携	〃	〃

21項目　　　*Copyright Kimitoshi Yagi　:Procurement Innovation Research*

評価表

V1.B 👁 *Solution Provider*

注意事項

評価点数

| 64 |

"項目評価"に5点満点で評価記入
フォーマットは変更しないで下さい。

5 段階評価の判断基準			項目評価	合計	特徴	配点
3	2	1				
				11	4	20
一応できている	少し	なし	4			
40%以上	10%以上	数点	4			
ジャンル区分あり	少し	なし	3			15
				12	4	20
理解できる	少しわかるが・・	わからない	4			
まあまあ	エラーがでる	入力難しい	5			
10 くらい	12 以上	多い　大変	3			16
				11	4	15
n=10 以上	ある	少ない	4			
わかる	まあまあ	記号わからない	4			
〃	〃	わからない	3			11
				12	4	15
良いと思う	まあまあ	わからない	4			
〃	〃	〃	4			
〃	〃	〃	4			12
				12	4	14
良いと思う	やや少ない	少ない	4			
〃	〃	〃	4			
〃	〃	〃	4			0
				9	3	8
良いと思う	良くない	わかりづらい	3			
〃	〃	〃	3			
〃	〃	〃	3			5
				11	4	8
やっている	検討中	やってない	4			
〃	〃	〃	4			
〃	〃	できない	3			6

配点補正荷重合計＝　　64.3　　　　　　　　合計点　67　3.7　100

2-8. コストテーブルの管理　評価表

コストテーブルの管理　評

部門名
概要

更に良くするには

n	評価項目		5	4
1	管理規程	コストの目利き　知のインフラ整備の強い意志		
	a 管理規程		良く整備	整備されている
	b データ更新・決裁		明確実施	よく実施
	c 専任組織		組織充実	組織ある
2	回帰分析型	購買実績価格の利用と把握で　複利循環		
	a 実績データの取込		充分良く実施	実施できている
	b コストテーブルの派生拡大		〃	〃
	c 活用状況の把握		〃	〃
3	原価積算型	原価見積り力は　コスト分析・機械能力の判断から		
	a 材料費の更新		充分良く実施	実施できている
	b 加工費の更新		〃	〃
	c 技術ロードマップ		〃	〃
4	活用教育	コストテーブル更新・伝承で継続活用		
	a 利用研修		充分良く実施	実施できている
	b 値決め・技談活用研修		〃	〃
	c Web.でいつでも		〃	〃
5	進化	知財インフラの進化で企業競争力の向上		
	a 進化の仕掛けを組み込み		良く実施	実施している
	b インテリジェンス化		〃	〃
	c AI 化　試行		改良している	一部できている
6	データベース連携	仕組み力で　生産性高く確実に		
	a P-BOM		充実	実施している
	b E-BOMとの連携		〃	〃
	c 材料費　地金　連携更新		〃	〃
7	サプライヤ共有	重点サプライヤとの連携で　購買力を高める		
	a 重点サプライヤと共有		良く連携できる	連携している
	b 技談に活用		活用している	一部で活用
	c コストドライバ/アイデア集　共有		〃	〃

21項目　　*Copyright Kimitoshi Yagi　：Procurement Innovation Research*

価表

V1.C　Solution Provider

注意事項
"項目評価"に5点満点で評価記入
フォーマットは変更しないで下さい。

評価点数
46

5 段階評価の判断基準			項目評価	合計	特徴	配点
3	2	1				
		そこまでは‥		8	3	20
ある	作成中	なし	3			
実施	必要により	〃	2			
専任者	検討中	〃	3			11
		作ったことある		9	3	20
部分的に実施	よくわからない	ない	3			
〃	〃	〃	4			
〃	試行	〃	2			12
		ベテランでないと‥		9	3	15
部分的に実施	よくわからない	ない	3			
〃	〃	〃	3			
〃	〃	〃	3			9
		そこまでは‥		8	3	15
部分的に実施	やったことある	なし	3			
〃	〃	〃	3			
〃	〃	〃	2			8
		どうする‥		6	2	14
部分的に実施	検討中	なし	2			
〃	〃	〃	3			
一部で試行中	〃	〃	1			0
		システムあれば‥		8	3	8
部分的に実施	検討中	なし	3			
〃	〃	できない	3			
〃	〃	なし	2			4
		サプライヤと?		4	1	8
部分的に連携	少し連携	とんでもない	1			
試行した	検討中	〃	2			
数社と初めた	話し中	やりたいが	1			2

配点補正荷重合計=　46.1　　　　合計点　48　2.5　100

2-9. 調達品群別購買戦略　評価表

調達品群別購買戦略　評価

部門名	
概要	

改善提案
更に良くするには

n	評価項目		5	4
1	実態把握	実態をまずは把握・分析、スペンドアナリシスやりましたか		
	a 調達品群の調達額・特徴		DBリンク集計	必要によりDB活用
	b サプライヤ別調達額		〃	〃
	c 問題課題の把握		シッカリ把握	把握
2	調達計画	これからの調達計画、調達品の変化どうなりますか		
	a 事業計画　購入予算額		詳細理解	よく理解
	b 調達の特徴変化		〃	〃
	c 海外調達計画		予決算実施	ある
3	代表品番の価格推移	今までの価格推移とこれからの取組み　どうしますか		
	a 過去の推移		詳細把握	整理している
	b 価格予想		良くできている	できている
	c コストテーブル活用		〃	〃
4	業界の変化	業界で何が起っているのか、業界を熱く語れますか		
	a 市場で何が起っているか		詳細把握	色々と知っている
	b 技術変化		〃	〃
	c メーカー・商社は		〃	〃
5	サプライヤ編成	共益協創を取り組む充填取引先　何社決めましたか		
	a サプライヤ評価・格付け		評価・格付け明確	できている
	b 重点サプライヤの明確化		明確実施	〃
	c サプライヤ再編成		〃	〃
6	自社事業の変化	自社の製品戦略と技術戦略との摺り合わせ　しましたか		
	a 製品戦略　製品の変化		事業部と連携	情報交流している
	b 技術戦略　差別化		設計と連携	〃
	c 新商品企画		商品企画と連携	〃
7	戦略具体策	今後3年間のコストダウン具体策　計画しましたか		
	a コストダウン具体策　3年先まで		具体策ローリング	3年分具体策ある
	b コストダウン額予測		〃	〃
	c コストテーブル連携		具体策連携	活用できる

21項目　　*Copyright Kimitoshi Yagi　　:Procurement Innovation Research*

250

表   V1.C   Solution Provider

注意事項

"項目評価"に5点満点で評価記入
フォーマットは変更しないで下さい。

評価点数

| 53 |

段階評価の判断基準			項目評価	合計	特徴	配点
3	2	1				
		できたらいいが・・		9	3	20
分類集計する	少しわかる	解らない	3			
〃	〃	〃	3			
わかる	〃	〃	3			12
		購買なのに計画は		11	4	20
理解している	よくわからない	知らない	4			
〃	〃	〃	4			
一部ある	〃	〃	3			15
		代表品番？		9	3	15
データある	ある	ない	3			
やっている	考えている	〃	3			
〃	〃	〃	3			9
		業界までは・・		9	3	15
知っている	ある程度知っている	興味ない	3			
〃	〃	興味あるが	3			
〃	〃	解らない	3			9
		編成とまでは・・		10	3	14
やっている	やったことある	難しい	4			
〃	〃	やらない	3			
部分的に	〃	やっていない	3			0
		中期的変化までは		8	3	8
知っている	解ることもある	解らない	3			
〃	〃	〃	3			
〃	〃	〃	2			4
		考えたいが・・		8	3	8
2年分くらいは	やったことある	困難	3			
〃	〃	〃	3			
利用しているが	〃	興味が無い	2			4

配点補正荷重合計=   53.2   合計点   56   3.0   100

2-10. コストマネジメント　評価表

コストマネジメント総合力

部門名
概要

改善提案
更に良くするには

n	評価項目	5	4
1	コストマネジメント　　　　　購買はQCDの　C　利益貢献が最大の使命		
a	コストマネジメント管理規程	常に活用充実	良く実施
b	コストダウン予決算	充実拡大	成果拡大
c	P–BOM　データベース	E–BOMと連携	拡大中
2	値決め・交渉スキル　　　　まづ競合から始まるが　技談で共益協創		
a	競合明確・相見積もり	常に充実	70%以上
b	交渉・技談ロールプレイング研修	充実実施	定期的に実施
c	技談交渉力	充実実施	技能向上
3	コストテーブル活用力　　　コストの査定力が不可欠　購買エンジニア		
a	外注品コストテーブル	常に活用	対象の70%以上
b	購入品コストテーブル	〃	〃
c	コストテーブル管理規程・更新	充実更新	更新実施
4	開発購買力　　　　　　　開発購買こそが　購買の価値を高める		
a	開発購買の取組み	充実成果大	よくやっている
b	開発プロジェクト参画	〃	〃
c	原価企画の取組み	〃	〃
5	VE提案力　　　　　　　コストダウンは知の融合　まづはVEアイデアから		
a	VE提案制度	充実成果大	よくやっている
b	VEプロジェクト参画	〃	〃
c	VEアイデア集蓄積・共有	充実活用	拡大中
6	サプライヤ連携力　　　　サプライヤ連携力が　購買成果を左右する		
a	技談　信頼関係構築	共益協創	良い信頼関係
b	重点サプラウヤとコストテーブル共有	重点取引先と	ごく一部の取引先
c	開発設計支援	ゲストエンジニア実施	やっている
7	購買戦略　　　　　　　購買戦略は意志を表す　中期コストダウン具体策		
a	調達品群別購買戦略	充実成果大	よくやっている
b	購買戦略会議	〃	〃
c	取引先評価・再編成計画	〃	〃

21項目　　　*Copyright Kimitoshi Yagi*　：*Procurement Innovation Research*

評価表

V1.B Solution Provider

注意事項
"項目評価"に5点満点で評価記入
フォーマットは変更しないで下さい。

評価点数

49

5 段階評価の判断基準			項目評価	合計	特徴	配点
3	2	1				
		一円でも安く		10	3	20
ある	検討中	なし	2			
実施	決算のみ	実施なし	5			
ある	部分的	なし	3			13
		駆け引き重視		8	3	20
50%以上	よくわからない	なし	4			
実施	やったことがある	なし	2			
実施	試験的に	やらない	2			11
		ものさし ですよ		8	3	15
対象の50%以上	時々使う	あるけれど	3			
〃	〃	〃	3			
ある	検討中	なし	2			8
		人材どうする		8	3	15
やっている	ごく一部で	やらない	3			
〃	〃	〃	3			
〃	〃	〃	2			8
		VEは設計でやる		10	3	14
やっている	ごく一部で	やらない	4			
〃	〃	〃	4			
ある	ごく一部ある	なし	2			0
		売りと買いは対立		7	2	8
信頼されている	信用はある	できない	3			
検討したい	なし	とんでもない	2			
試行計画ある	検討したい	やらない	2			4
		戦略は立てない		10	3	8
やっている	ごく一部で	やらない	4			
〃	〃	〃	3			
ある	〃	〃	3			5

配点補正荷重合計= 49.1　　　　合計点 51　2.9　100

あとがき

　工場の購買部門に配属されて、初めての調達担当は鋳物でした。当時の鋳物製造はキューポラという溶解炉や砂型の手込めでの作業で、まさに職人の世界でした。一般的な鋳鉄FC-20ならkg当りおよそいくら（¥/kg）という市場価格の目安がありました。材料の銑鉄・釜石Ｂと鉄スクラップを熔解して型に流し込んで、冷却して仕上げしたものが、いくら（¥）になるのか、いくらであるべきか想像すらできませんでした。当初は調達納期の確保ができずに、夜に仕上げを済ませてもらって、部品を明日の朝までに引き取りに行くのが精一杯でした。

　鋳物の原材料費、熔解費用、型込め工数、注湯、型バラシ・仕上工数、職人の給料など自分なりに想像で積算してみましたが、そんなものは役に立たない現実でした。工場見学の都度に職人さんから苦労話を聞く中で、「不良品が多くて困っている」との事でした。当時の熔解技術は稚拙で不良品が多く、納期管理なんて鋳物はムリ！とも言われていました。ダクタイルFCD鋳物溶湯を炉前で黒鉛の球状化度合いの検査を一緒に取り組んだり、アルミ鋳物溶融の脱酸材の効果の程度を炉前で真空引きし確認する装置を考案したりしました。幸い不良品が次第に少なくなって、納期対応にも協力的になり対話ができるようになりました。

　この設計形状では鋳物巣がでやすい、この中子型では鋳物肉厚がバラつき易い、この構造・形状では耐圧強度が弱い、この寸法では型はできても鋳物ではできない、など多くの問題点をサプライヤから教えてもらいました。我社の図面は、なぜ価格が高くなるのか？　そりゃあここに問題があるんだよ！　不良がでるんだよ、手間がかかるんだよ・・・これらを聞いて帰り、設計とも少し話せるようになりました。この図面なら価格いくら、ここを変更すればいくら（¥）が少し見えてきました。

自分なりに考えたコスト積算価格も少しずつ根拠が明確となって実態との誤差が縮まり、"技談"が生まれました。

　売り手と買い手が知恵を出し合い図面を改良しました。少し大げさですが、相互理解で一緒に学んで成長することの積み重ねが"共益協創"の小さな始まりであったようにも思われます。これは大昔の話であって今では、そんなことはもうＡＩがやっているのでしょうか。

　購買担当者駆け出しの頃、鋳物やプラスチック成形について色々とご指導いただいた購買係長の松沢行雄氏、本社資材部では全社展開のコストマネジメントシステムや戦略会議などの試行錯誤に、会社の利益になることならと寛大に応援ご指導いただいた本社資材部長の窪田明典氏、国際調達などの情報収集や海外出張に多くの機会を与えていただいた調達センター長の今川　毅氏、事業所長や関係会社への推進・改革の先頭に立っていただいた理事の堀内靖元氏、ワープロという道具ができたての頃、資料作成を懸命に支えてくれた女性スタッフなど多くの人に恵まれました。心から深く感謝申し上げます。コストテーブルを含む購買部門のソリューションツールの提供展開やこの冊子の完成に一方ならぬご支援いただいた日本資材管理協会代表理事の宮沢　隆氏に深くお礼申し上げます。

　同じ購買部門で働き、当時としては珍しく脱サラでデザイン会社を起業した佐藤英機氏のアパートで見た紙切れの、「あせらず・あわてず・おこたらず」そして、某自動車会社の工場長室入り口ドアノブの脇に貼られた紙片に、「真剣だと知恵がでる、中途半端だとグチがでる、いいかげんだと言い訳ばかり」は、今でも心の支えになっております。

2023年2月　八木君敏

（著者紹介）
八木　君敏　（やぎ　きみとし）

1943 年　埼玉県生れ
1961 年　富士電機製造株式会社　吹上工場入社　生産管理、資材調達
　　　　鋳鍛造、板金プレス、機械加工、ばね、セラミック、プラスチック
　　　　成形品、絶縁材料、電子部品、プリント配線基板、半導体などの調
　　　　達と合理化　VE 研修会、V . E n g i n e e r 資格認定を全社展開
1985 年　富士電機株式会社本社資材部　　調達合理化・VE 担当
　　　　開発購買、サプライヤ評価、コストテーブルの開発、全社購入
　　　　品価格比較システム開発、購買合理化全社展開。日米半導体摩
　　　　擦を機に海外半導体、電子部品の海外調達拡大プロモーション
　　　　調達材種群別の全社購買戦略会議主催、開発設計プロジェクト参画
2002 年　富士電機株式会社を退職
　　　　開発購買、VE・コストダウンなどのコンサルテイングを行う
　　　　日本能率協会の公開セミナー講師、CPP 資格認定開発に参画
　　　　日本資材管理協会の公開セミナー講師
　　　　著書に　「開発購買　Value Procurement」（文芸社）
　　　　「購買進化論　Evolution theory of procurement」（文芸社）
　　　　「技談・開発購買の原点」（日本資材管理協会）
　　　　「知の協創購買・サプライヤ評価システム」（日本資材管理協会）
　　　　「共益協創のコスト革新７つ道具」（日本資材管理協会）
　　　　「新　開発購買」（日本資材管理協会）　がある
2005 年　そば打ちによる日本食文化の伝承と食育、施設訪問などの活動
　　　　NPO 熊谷そば打ち会　会員、　　江戸ソバリエ
　　　　著書に　「たのしいそばうち」「Enjoy SOBAUCHI」「やさし
　　　　いそばうち」「うれしいそばうち」「うるわしいそばうち」
　　　　（株式会社ピキピキドカン）　がある。
　　　　e-mail　SNA76567@nifty.com

新コストテーブル

コストマネジメント・システムの再構築

2023 年 9 月 30 日　第 1 版第 1 刷発行

定　　価	1,650 円（本体価格 1,500 円＋消費税 10％）
著　者	八木君敏
発 行 者	宮沢　隆
発 行 所	一般社団法人　日本資材管理協会

〒 101-0032

東京都千代田区岩本町 1-8-15

岩本町喜多ビル 6 階

TEL 03-5687-3477

FAX 03-5687-3660

ホームページ　https://www.jmma.gr.jp/

印刷　大盛印刷株式会社
ISBN　978-4-88919-035-9　C2034
※落丁・乱丁がございましたらお取替えいたします（送料弊会負担）。